中国图书的世界影响力
年度研究报告

（1949-2015）

何明星 ◎ 著

新 华 出 版 社

图书在版编目（CIP）数据

中国图书的世界影响力年度研究报告：1949-2015 ／
何明星著. -- 北京：新华出版社，2016.7
ISBN 978-7-5166-2697-9

Ⅰ．①中… Ⅱ．①何… Ⅲ．①图书出版－出版工作－
研究报告－中国－1949-2015 Ⅳ．①G239.2

中国版本图书馆CIP数据核字(2016)第166322号

中国图书的世界影响力年度研究报告：1949-2015
作　　者：何明星

选题策划：鄢福路
责任编辑：赵怀志　　　　　　　　封面设计：传　薪
出版发行：新华出版社
地　　址：北京石景山区京原路8号　　邮　　编：100040
网　　址：http://www.xinhuapub.com　http://press.xinhuanet.com
经　　销：新华书店
购书热线：010-63077122　　　　　中国新闻书店购书热线：010-63072012
印　　刷：三河市人民印务有限公司
成品尺寸：170mm×240mm　　　　　印　　数：1-2000册
印　　张：13.75　　　　　　　　　字　　数：143千字
版　　次：2016年7月第一版　　　　印　　次：2016年7月第一次印刷
书　　号：978-7-5166-2697-9
定　　价：45.00元

内容提要

　　本书是用世界图书馆收藏中国图书的书目数据，首次对于中国近 600 家出版社的世界影响力进行评估的研究报告。自 2012 年开始至 2015 年，连续四年进行年度追踪，给出了中国出版社的世界影响力排行榜。2012、2013 年的报告是对 1949 年至 2012、2013 年中国大陆近 600 家出版机构，所出版的中文图书进入世界图书馆的书目数据进行检索、分析所得出的研究报告；2014、2015 年度报告则是专门针对前一年中国大陆近 600 家出版机构的新书，被世界图书馆系统所收藏的书目进行的分析与研究。两份近 60 年的总体书目数据、两份年度新书书目数据，基本上能够勾画出中国出版的世界影响力现状。

　　书中所收录的年度报告，均在每年一度的北京图书国际博览会（BIBF）期间进行现场发布，报告全文分别刊发在《中国传媒商报》上。全书约 10 万字，是国内第一部用第三方客观数据进行世界影响力评估的专著。

前　言

　　笔者曾经是一个出版人。曾不止一次地想自己编辑的图书有谁在看、谁在读？同样，中国出版的图书、杂志，哪些国家、哪些民族、哪些读者更感兴趣？这涉及一个出版机构的价值追求以及核心目标，也涉及学界对于出版组织机构评价的理论问题。评价一本图书、一个出版机构，当下业界、学界，大都套用经济学的一套评价办法，如出版社评价大都用图书出版的总品种、新书品种、重印再版、印数、畅销书数量、销售收入、利润等方面进行分析评价，有的甚至建构出一套评价模型，利用一些公开数据对中国近600家出版社给予大排队。显然，这些评价办法侧重其产业化、商业化，把图书出版与经营当做一个企业，没有充分重视图书出版所具有的文化知识传承特性。

　　人类的文明发展史就是知识传播的文明史。当一本书能够翻过高山、越过河流、坐着火车、汽车甚至马车走进千家万户的时候，就是这本书出版者最大的光荣！即便是数字出版时代，无论图书的载体发生多大变化，由纸介载体变成电子书、电子刊物，只有那些真正具有知识传承价值的精品力作才能得到广泛传播，传播才是出版者追求的第一目标，传播范围大小是衡量其知识创新能力、传播能力的一个核心指标！

对传统媒体而言，衡量其传播范围比较确切的标志就是图书在世界各国图书馆的收藏情况，它是衡量媒介到达率的一个标志。媒介到达率原是传播学中专门用来分析广告的收视效果用语，是指特定对象在特定时期内看到某一广告的人数占总人数的比率，即已经实现的传播目标与预期市场之间的百分比。这个词汇也被学界借用评估图书、报纸、杂志的有效传播范围。一个国家的图书馆系统拥有某本图书、某种刊物的数量，代表了这份刊物和这本图书在这个国家知名度的大小，这种知名度包含了办刊的宗旨、水平以及出版机构的品牌等各种因素的认定。世界图书馆界通常采用以某一学科划定若干个核心出版社的评价办法来采购图书，这个办法也适用于期刊、报纸的采购。

因此，用世界图书馆收藏中国图书的书目数据作为评价中国图书的世界影响力指标，不仅符合传播学的理论规范，而且具有一定的现实意义。随着中国经济实力的日益发展壮大，中国新闻出版已经步入一个高度的国际化发展阶段。这意味着，原本一本面向国内读者的图书，在千里之外的异国他乡也有读者，一则发生在胡同邻里的新闻，可能引起大洋彼岸某研究机构的关注。中国新闻出版的内外有别、国内国外之分已经十分模糊。党的十八大报告中明确指出，要"构建和发展现代传播体系，提高传播能力"，这无疑对中国新闻出版的未来发展提出了更高的要求。其中一个内在逻辑就是要增强中华文化的国际影响力，必须首先对已有中国图书的国际影响力有一个清晰的认知，唯有如此才能进一步总结经验、吸取教训，找到构建和发展中国现代传播体系建设的路径和渠道。

本书用世界图书馆对于中国图书的收藏数据，梳理和分析了中国近 600 家出版社的世界影响力，并自 2012 年开始连续四年进行年度追踪，第一次给出了中国出版社世界影响力图书排行榜。2012、2013 年的报告是对 1949 年至 2012、2013 年中国大陆近 600 家出版机构，所出版的中文图书进入世界图书馆的书目数据进行检索、分析所得出的研究报告，2014、2015 年度报告则是专门针对前一年中国大陆近 600 家出版机构前一年的新书，被世界图书馆系统所收藏的书目进行的分析与研究。两份近 60 年的总体书目数据、两份年度新书书目数据，基本上能够勾画出中国出版的世界影响力现状。

本书用大量的数据说明，中国图书要想在世界上获得更大的影响力，除了要创新出版理念、拓展传播渠道、增强传播能力之外，同时还千万不要忽视知识创新与文化传承，这才是中国出版获得世界影响力的核心和根本。

目　录

第一章

中国图书世界影响力研究报告

（1949-2012）[①]

在电子信息时代，互联网极大地方便了我们与世界的联系。把全球112个国家的2万多家图书馆连接起来的 WORDCAT 书目数据库，能够衡量出一本图书在不同国家、地区读者多寡，影响力大小。该数据库属于名称为 OCLC（Online Computer Library Center,Inc）的公益性组织，即联机计算机图书馆中心，总部设在美国的俄亥俄州，成立于1967年，图书馆数量截至2011年为23815家（公共图书馆5051家、大学图书馆4833家、中小学校图书馆8897家、各类政府图书馆1604家、职业学院、社区学院图书馆1074家、企业图书馆1296家、协会机构图书馆661家，其他图书馆297家），涉及全世界112个国家和地区，470多种语言。从图书馆所在国家分布来看，这个数据库可以大体衡量出中国图书在当今世界的影响范围。

[①] 本报告全文刊登在2012年8月28日，《中国图书商报》（今更名为《中国图书出版传媒商报》），刊发时题目为"中国图书世界馆藏影响报告——基于世界馆藏中文书目数据的分析研究"。

一、2012年研究报告的数据条件

笔者利用 OCLC 数据库检索了中国近 600 家出版社的数据，检索时间是 2012 年 7 月 3 日至 8 月 10 日，共计 33 天时间，初步勾画出了中国出版社、中国图书的排名。本文数据的检索条件如下：

1. 本文检索设定的依据是，截至 2011 年年底，WORDCAT 的书目数据来源为全世界 23815 家图书馆，按照千分之一稍强（大约为 1.25‰）的比例，设定全球图书馆 30 家为中国出版社的排名依据。即凡是一个中国出版社所出版的中文图书，图书馆收藏数量超过了 30 家（含 30 家）以上的，即进入排名，以进入品种的多少排名。品种不足 30 家的图书的出版社则不在此列。

2. 由于上海图书馆和北京的国家图书馆也在 WORDCAT 书目数据库中，这两家图书馆收藏中国图书属于应尽职责，尤其是北京的国家图书馆曾经按照行政指令，无偿接受中国所有出版社样书，行使版本图书馆功能，因此凡是检索数据中出现了这两家图书馆，即予以扣除。

3. 检索中国图书的出版时间：1949 年至 2011 年，时间跨度为 62 年间所有由大陆出版社出版的中文图书。

4. 出版社名称说明:（1）本文排名中省略了近十年来新组建的出版集团名称，只有出版集团所属出版社名称。如当数据出现"重庆出版集团、重庆人民出版社"时，只记录为"重庆人民出版社"，省略了"重庆出版集团"；（2）一些经过更名的出版社其图书品种尽量合并，如原"北京广播学院出版社"的馆藏品种统一合并到"中国传媒大学出版社"名下，"北京图书馆出版社"的馆藏品种则合并到"国家图书馆出版社"名下；（3）为了保存数据的原貌，一些被合并或者不再运营的出版社，如"警官教育出版社"、"中国文学出版社"的馆藏数据仍然保留。

5. 本文检索的图书仅仅是中文图书的馆藏数据，中国出版社出版的英文图书、中国出版社出版的中、外文期刊均不在此次分析之列。

二、中国出版社世界影响力排名

以全球 30 家以上图书馆收藏中文图书的品种数量为依据，本文逐一检索了 581 家中国出版社，依次大体勾画了全球视野中的中国出版社影响力排名。其数据列表如下：

表一：全球 30 家以上图书馆所收藏的中文图书出版社排名

排名	出版社名称	全球 30 家以上图书馆藏品种数
1	中华书局	908
2	上海古籍出版社	384
3	文物出版社	306
4	人民文学出版社	290
5	上海人民出版社	272
6	中国社会科学出版社	238
7	人民出版社	231
8	北京大学出版社	194
9	南京大学出版社	156
10	作家出版社	151
11	上海文艺出版社	144
12	商务印书馆	122
13	上海辞书出版社	115
14	科学出版社	97

排名	出版社名称	全球 30 家以上图书馆藏品种数
15	社会科学文献出版社	96
16	齐鲁书社	95
17	北京出版社	93
18	四川人民出版社	89
19	中国统计出版社	76
20	外文出版社	72
21	中国人民大学出版社	65
22	湖南人民出版社	65
23	浙江人民出版社	60
24	上海人民美术出版社	58
25	福建人民出版社	57
26 （2 家出版社）	国家图书馆出版社	55
	复旦大学出版社	55
27	巴蜀书社	54
28	北京十月文艺出版社	53
29	长江文艺出版社	51
30 （2 家出版社）	人民美术出版社	50
	学林出版社	50
31	凤凰出版社（原江苏古籍）	49
32 （3 家出版社）	中国戏剧出版社	48
	华东师范大学出版社	48
	河南人民出版社	48
33	岳麓书社	45

排名	出版社名称	全球30家以上图书馆藏品种数
34	文化艺术出版社	43
35 （4家出版社）	中国青年出版社	42
	语文出版社	42
	上海教育出版社	42
	江苏人民出版社	42
36	中央文献出版社	41
37 （2家出版社）	团结出版社	40
	云南人民出版社	40
38 （2家出版社）	华语教学出版社	39
	辽宁人民出版社	39
39 （2家出版社）	中国文史出版社	37
	广西师范大学出版社	37
40 （2家出版社）	重庆出版社	35
	贵州人民出版社	35
41	湖北人民出版社	34
42	山东教育出版社	33
43 （3家出版社）	北京师范大学出版社	32
	中州古籍出版社	32
	吉林人民出版社	32
44 （2家出版社）	当代中国出版社	31
	吉林文史出版社	31
45 （3家出版社）	新世界出版社	30
	上海书店出版社	30
	花城出版社	30

排名	出版社名称	全球30家以上图书馆藏品种数
46 （6家出版社）	中国大百科全书出版社	29
	中国藏学出版社	29
	生活·读书·新知三联书店	29
	民族出版社	29
	河北教育出版社	29
	新疆人民出版社	29
47 （2家出版社）	黑龙江人民出版社	28
	江苏文艺出版社	28
48 （6家出版社）	上海社会科学院出版社	27
	百花文艺出版社	27
	春风文艺出版社	27
	山西人民出版社	27
	陕西人民出版社	27
	四川大学出版社	27
49 （2家出版社）	紫禁城出版社	26
	新华出版社	26
50 （3家出版社）	北京燕山出版社	24
	上海书画出版社	24
	吉林出版集团有限责任公司	24
51 （2家出版社）	学苑出版社	22
	上海三联书店	22
52 （2家出版社）	华夏出版社	21
	南开大学出版社	21

排名	出版社名称	全球 30 家以上图书馆藏品种数
53 （2 家出版社）	时代文艺出版社	20
	浙江文艺出版社	20
54 （3 家出版社）	今日中国出版社	19
	河北人民出版社	19
	宁夏人民出版社	19
55 （6 家出版社）	清华大学出版社	18
	中国建筑工业出版社	18
	解放军出版社	18
	群众出版社	18
	上海文化出版社	18
	安徽人民出版社	18
56 （3 家出版社）	中国文学出版社（原为外文局所属出版机构，已停办）	17
	安徽教育出版社	17
	广西人民出版社	17
57 （6 家出版社）	中国文联出版公司	16
	华艺出版社	16
	中国广播电视出版社	16
	汉语大词典出版社	16
	辽宁教育出版社	16
	浙江古籍出版社	16
58 （11 家出版社）	外语教学与研究出版社	15
	中共党史出版社	15
	中国电影出版社	15
	宗教文化出版社	15

排名	出版社名称	全球30家以上图书馆藏品种数
58 （11家出版社）	国际文化出版公司	15
	华文出版社	15
	经济日报出版社	15
	天津古籍出版社	15
	新世纪出版社	15
	江苏美术出版社	15
	山东文艺出版社	15
59 （9家出版社）	解放军文艺出版社	14
	知识出版社	14
	群言出版社	14
	中国对外翻译出版公司	14
	中国国际广播出版社	14
	文汇出版社	14
	武汉大学出版社	14
	湖南文艺出版社	14
	四川民族出版社	14
60 （5家出版社）	五洲传播出版社	13
	世界知识出版社	13
	福建教育出版社	13
	湖北教育出版社	13
	百花洲文艺出版社	13
61 （5家出版社）	中国财政经济出版社	12
	黄山书社	12
	江苏教育出版社	12

排名	出版社名称	全球30家以上图书馆藏品种数
61 （5家出版社）	江西人民出版社	12
	西藏人民出版社	12
62 （11家出版社）	中共中央党校出版社	11
	中国工人出版社	11
	中国和平出版社	11
	中国旅游出版社	11
	法律出版社	11
	上海科学技术出版社	11
	甘肃人民出版社	11
	花山文艺出版社	11
	吉林大学出版社	11
	书海出版社	11
	四川文艺出版社	11
63 （8家出版社）	海豚出版社	10
	中国社会出版社	10
	光明日报出版社	10
	上海远东出版社	10
	漓江出版社	10
	文津出版社（原北京古籍）	10
	湖南教育出版社	10
	山东画报出版社	10
64 （10家出版社）	北京语言大学出版社	9
	中国华侨出版社	9
	中国妇女出版社	9

排名	出版社名称	全球 30 家以上图书馆藏品种数
64 （10 家出版社）	中央编译出版社	9
	上海外语教育出版社	9
	上海译文出版社	9
	天津教育出版社	9
	江西教育出版社	9
	内蒙古人民出版社	9
	云南民族出版社	9
65 （12 家出版社）	中国政法大学出版社	8
	中信出版社	8
	高等教育出版社	8
	中国档案出版社	8
	安徽大学出版社	8
	厦门大学出版社	8
	南海出版公司	8
	黑龙江教育出版社	8
	辽宁大学出版社	8
	山东大学出版社	8
	四川辞书出版社	8
	浙江教育出版社	8
66 （5 家出版社）	昆仑出版社	7
	中国友谊出版公司	7
	中国经济出版社	7
	东方出版中心	7
	广东人民出版社	7

排名	出版社名称	全球30家以上图书馆藏品种数
67 （19家出版社）	国防工业出版社	6
	军事科学出版社	6
	印刷工业出版社	6
	时事出版社	6
	中央民族大学出版社	6
	朝华出版社	6
	中国农业出版社	6
	人民日报出版社	6
	华龄出版社	6
	大众文艺出版社	6
	人民卫生出版社	6
	教育科学出版社	6
	上海画报出版社	6
	上海科学技术文献出版社	6
	广西教育出版社	6
	华中师范大学出版社	6
	吉林教育出版社	6
	陕西人民教育出版社	6
	陕西师范大学出版社	6
68 （15家出版社）	海洋出版社	5
	人民音乐出版社	5
	经济管理出版社	5
	科学技术文献出版社	5
	人民教育出版社	5
	新星出版社	5

排名	出版社名称	全球 30 家以上图书馆藏品种数
68 （15家出版社）	中国盲文出版社	5
	广州出版社	5
	大象出版社（原河南教育出版社）	5
	辽海出版社	5
	青海人民出版社	5
	山西古籍出版社	5
	山西教育出版社	5
	新疆大学出版社	5
	杭州出版社	5
69 （15家出版社）	中国 ISBN 中心	4
	警官教育出版社（现并入中国公安大学出版社）	4
	中国发展出版社	4
	地图出版社	4
	中国金融出版社	4
	中国书籍出版社	4
	上海交通大学出版社	4
	同济大学出版社	4
	广东教育出版社	4
	接力出版社	4
	贵州民族出版社	4
	海南出版社	4
	陕西人民美术出版社	4
	云南美术出版社	4
	浙江大学出版社	4

排名	出版社名称	全球 30 家以上图书馆藏品种数
70 （29家出版社）	地质出版社	3
	企业管理出版社	3
	经济科学出版社	3
	首都师范大学出版社	3
	金城出版社	3
	中国人事出版社（现并入中国人力资源和劳动保障出版集团）	3
	世界图书出版公司	3
	中华工商联合出版社	3
	人民交通出版社	3
	测绘出版社	3
	中国法制出版社	3
	中国人民公安大学出版社	3
	中国物价出版社	3
	安徽文艺出版社	3
	甘肃教育出版社	3
	兰州大学出版社	3
	海天出版社	3
	暨南大学出版社	3
	岭南美术出版社	3
	海峡文艺出版社	3
	河北美术出版社	3
	哈尔滨出版社	3
	大连出版社	3
	辽宁美术出版社	3

排名	出版社名称	全球 30 家以上图书馆藏品种数
70 （29 家出版社）	山东美术出版社	3
	北岳文艺出版社	3
	西南财经大学出版社	3
	云南教育出版社	3
	浙江人民美术出版社	3
71 （39 家出版社）	中国环境科学出版社	2
	科学普及出版社	2
	中国世界语出版社（原外文局所属出版机构，已停办）	2
	中国传媒大学出版社	2
	北京工业大学出版社	2
	北京美术摄影出版社	2
	中国轻工业出版社	2
	九州出版社	2
	长征出版社	2
	人民中国出版社	2
	中国林业出版社	2
	长城出版社	2
	中国人口出版社	2
	中国商业出版社	2
	中国检察出版社	2
	华东理工大学出版社	2
	上海财经大学出版社	2
	上海科技教育出版社	2
	安徽美术出版社	2

排名	出版社名称	全球 30 家以上图书馆藏品种数
71 （39 家出版社）	敦煌文艺出版社	2
	甘肃民族出版社	2
	甘肃人民美术出版社	2
	广东旅游出版社	2
	南方日报出版社	2
	河南大学出版社	2
	河南美术出版社	2
	湖北美术出版社	2
	湖南大学出版社	2
	东北师范大学出版社	2
	吉林美术出版社	2
	广陵书社	2
	河海大学出版社	2
	江西高校出版社	2
	沈阳出版社	2
	青海民族出版社	2
	济南出版社	2
	陕西旅游出版社	2
	四川科学技术出版社	2
	宁波出版社	2
72 （64 家出版社）	北京航空航天大学出版社	1
	地震出版社	1
	国防大学出版社	1
	西苑出版社	1

排名	出版社名称	全球 30 家以上图书馆藏品种数
72 （64家出版社）	中国画报出版社	1
	海潮出版社	1
	当代世界出版社	1
	农村读物出版社	1
	线装书局	1
	中国城市出版社	1
	石油工业出版社	1
	京华出版社	1
	方志出版社	1
	同心出版社	1
	台海出版社	1
	红旗出版社	1
	人民法院出版社	1
	荣宝斋出版社	1
	中国对外经济贸易出版社	1
	中国纺织出版社	1
	中国标准出版社	1
	中国计划出版社	1
	机械工业出版社	1
	中国民主法制出版社	1
	中国物资出版社	1
	中国言实出版社	1
	中国铁道出版社	1
	中国税务出版社	1

排名	出版社名称	全球30家以上图书馆藏品种数
	人民体育出版社	1
	人民邮电出版社	1
	上海大学出版社	1
	天津大学出版社	1
	天津科学技术出版社	1
	天津社会科学院出版社	1
	重庆出版集团	1
	甘肃文化出版社	1
	汕头大学出版社	1
	广西民族出版社	1
	三环出版社	1
72 （64家出版社）	河南文艺出版社	1
	黑龙江美术出版社	1
	湖南美术出版社	1
	北方妇女儿童出版社	1
	吉林摄影出版社	1
	古吴轩出版社	1
	东南大学出版社	1
	江苏科学技术出版社	1
	南京出版社	1
	苏州大学出版社	1
	译林出版社	1
	南京师范大学出版社	1
	二十一世纪出版社	1

排名	出版社名称	全球 30 家以上图书馆藏品种数
72 （64 家出版社）	内蒙古教育出版社	1
	远方出版社	1
	明天出版社	1
	山东科学技术出版社	1
	山东友谊出版社	1
	陕西科学技术出版社	1
	太白文艺出版社	1
	西安出版社	1
	西安交通大学出版社	1
	四川教育出版社	1
	天地出版社	1
	新疆美术摄影出版社	1

通过表一的中国出版社排名可以发现如下三个问题：

第一，中国出版社的知识生产能力问题。图书馆的馆藏对于一本图书的文化价值的衡量是严格的，也是检验出版组织知识生产能力最好的一个标尺。世界图书馆界通常采用某一学科划定若干个核心出版社的评价办法来采购图书，这个办法也被中国图书馆界所广泛采用。当以馆藏品种衡量中国出版社的知识生产、文化传承的影响力时，在本文检索的581 家中国出版社中，列入表中的只有 361 家，比例为 62%，尚有 220家没有进入排名。而列入表中的出版社中，以 1 种图书进入排名的有 64

家出版社，2种图书进入排名的有39家出版社，3种图书进入排名的有28家出版社，4种、5种图书进入排名的分别有15家出版社。如果把1种至9种的出版社数量合计，达到208家，占进入排名361家的57.6%，超过一半以上。之所以这样分析，是因为361家出版社绝大部分都有30年以上的历史，如果平均按照30年计算，有大约一半出版社3年还不能出版一本本次调查所设定的传播范围的图书，只有153家出版社具有一定知识生产能力，其中61家能够达到年均1种以上图书（平均按照30年出版历史计算），其中92家的年均生产能力在0.3部以上。知识生产能力的状况可见一斑。

第二，中国图书在世界图书市场的基本面貌。被全球30家以上图书馆收藏的中文图书品种总量为8179种，分别由361家出版社出版。收藏品种数量超过100种以上的有13家出版社，分别是中华书局908种，上海古籍出版社384种，文物出版社306种，人民文学出版社290种，上海人民出版社272种，中国社会科学出版社238种，人民出版社231种，北京大学出版社194种，南京大学出版社156种，作家出版社151种，上海文艺出版社144种，商务印书馆122种，上海辞书出版社115种，13家出版社品种合计3511种，占进入排名总品种数量的43%。其中，中华书局一家出版社的品种数量竟达到908种，大约是进入排名总品种的11%，是第二名上海古籍出版社的2倍还多。

这个数据表明上述13家出版社是属于世界图书馆所认定的核心出版

社范围之内的，图书出版质量、知识生产组织能力都得到了世界图书馆界的广泛认可。同时也意味着，中国图书在世界图书市场上的整体面貌特征是以中国人文、历史、文化为主体的，因为这些出版社绝大部分的品种都属于中国历史文化、古籍整理、考古文物、文学艺术、汉语辞书等出版范围，这个领域是中国图书具有比较优势的出版领域。

第三，中国图书的出版资源问题。本文并没有按照业界通常的习惯，按照主办单位、出版内容、专业领域等把出版社进行分类，即没有所谓大学社、部委社、教育社、地方社的区别，而是统一按照所出版图书被全世界 30 家以上图书馆收藏种类的数量多少给予排名，但就其结果来看，被 30 家以上世界图书馆收藏图书的出版社，其主办单位的资源对于知识生产的组织、协调依然发挥着不可或缺的作用。

中国图书的出版资源，这里既包含出版领域的专业分工长期积累的品牌优势，也包含把主办单位的行政资源转化成为出版资源的能力。把上表一的出版社按照出版领域、主办单位分类，制图如下：

图一：全球 30 家以上图书馆收藏中文图书的出版社分类
（百分比、品种）

全球**30**家以上图书馆收藏中文图书的出版社分类图

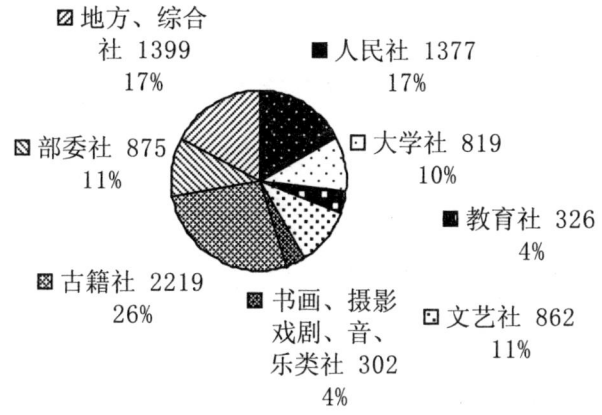

由图一可以发现，从被全球 30 家以上图书馆收藏的 8179 种图书所属出版社的分类来看，古籍社 2219 种，比例最大，占总品种的 26%；地方、综合社 1399 种、各地人民社 1377 种，相差不多，比例均是 17%；部委社 875 种、文艺社 862 种，也比较接近，比例均是 11%；大学社 819 种，比例为 10%；书画、戏剧、音乐、摄影等专业社 302 种、教育社 326 种，比例均是 4%。中国业界心目中看好的教育社的比例并不高。

古籍社的高比例是在漫长的中外文化交流的历史中形成的，这一类出版社在世界上的影响最大，这里不再展开分析。值得探讨的是部委社、人民社、文艺社所占的比例，体现了中国出版社借助各种资源所形成的知识生产优势。以部委社为例，长时期以来，部委社大多是依托主管部门，把行政资源转化为出版资源，因为行政资源的独特性而使出版资源具有一定的竞争能力，这是部委社一贯遵循的发展模式。以中国统计出版社为例，此次有76种进入排名，如1981年与香港机构合作出版的《中国统计年鉴》，世界各地拥有馆藏的图书馆数量多达286家；与中国展望出版社、科学技术文献出版社1988年合作出版的《中国人口统计年鉴》，拥有馆藏的图书馆数量为83家；与上海人民出版社1983年出版合作出版的《上海统计年鉴》，拥有馆藏的图书馆数量为79家。这就是一种典型的行政资源转化为出版资源模式，在此次检索中体现得相当明显，而这种寄生模式正是新世纪展开的中国出版体制改革所努力革除的目标。

文艺类出版社则是典型的专业发展路径。新中国成立后，中国出版社长达半个世纪的时间是按照专业、领域来划定出版社的出版范围，文艺社在长期的专业领域精耕细作，积累了一定的品牌优势，在新时期体制改革之后，这种品牌资源就顺势转化成为市场竞争能力。此次检索中文艺社占有11%的比例，大量高质量的文艺图书广泛被世界图书馆收藏就是一种证明。各地人民社介于部委社与文艺社之间，以长期服务于各级各类政府为主体，一些具有竞争力的独有出版资源长期被人民社所圈定，但同时又面向市场拓展自己的生存空间，两者优势兼备，因此可以理解为什么会有1377种图书、15%的高比例进入排名。三类出版社恰好是中国近600家出版社发展转换的典型，以高质量图书的生产这个最终目标来衡量，三种形态的出版社可谓各尽所能。

如果不考虑出版社背后的主办单位资源优势，可以说中国 581 家出版社中，在世界上影响最大的出版社当属于以出版中国历史文化、古籍整理、考古文物、文学艺术、汉语辞书等图书的出版社；如果放眼未来，则更看好文艺类、汉语辞书类的出版社，因为专业品牌优势加上市场竞争能力积累，此类出版社具备了向世界图书市场向深拓展的潜力。

三、在全球传播最广的中国图书

出版社的影响力是建立在出版社所出版的每一本图书之上的，与上一个议题相关，就是哪些中国图书的馆藏量最多？这是中国图书传播范围可以度量的一个基本标准，意味着中国图书在世界市场上受欢迎的程度。通过这些进入全球馆藏排名的图书分析，可以进一步找出影响知识生产相关的政治、经济因素。

由于数据量的庞大，本文在中国 581 家出版社的检索基础上，再次提高检索标准，由全球 30 家以上图书馆的馆藏提高到 50 家以上，即凡是被全球 50 家以上图书馆收藏的图书，就进入分析，不足 50 家的图书则被淘汰。这样调整之后，图书总品种由出版社检索时的 8179 种下降到 984 种，大约 10% 强。通过大约 10% 的上榜图书分析，来以点带面说明问题。

下表是截至 2011 年年底，从进入全球 50 家以上图书馆 984 种中文图书的前 30 名，为了保持数据的原貌，本文完整给出了英文书名、作者等馆藏信息。

表二：全球图书馆收藏中国图书 TOP 30

排名	馆藏量	书名（含英文书名、汉语拼音）、作者信息	出版社	出版时间
1	286	中国统计年鉴 / Zhongguo tong ji nian jian	中国统计出版社 香港经济导报社	1981 年
2	197	新中國出土文物 / Xin Zhongguo chu tu wen wu.	外文出版社	1972 年
3	166	汉英双解新华字典 = Xinhua dictionary with English translation / 著者：姚乃强；Yao, Naiqiang.	商务印书馆国际有限公司	2000 年
	166	中國現代民間繪畫選萃 / Zhongguo xian dai min jian hui hua xuan cu	外文出版社	1990 年
4	148	狼图腾 / Lang tu teng / 姜戎 , 1946 Apr.- JiangRong, 1946 Apr.	长江文艺出版社	2004 年
5	143	秦始皇陵兵马俑 /Qin shi huang ling bing ma yong / 著者：罗忠民 Luo, Zhongmin	文物出版社	1983 年
6	142	兄弟 = Brothers / 著者：余华 .1960-；Yu, Hua, 1960	上海文艺出版社	2005-2006 年
7	130	现代汉语词典：汉英双语 = The contemporary Chinese dictionary : Chinese-English edition	外语教学与研究出版社	2000 年
8	128	汉语读本 = Chinese reader	商务印书馆	1972 年
9	127	秦腔 / Qin qiang / 著者：贾平凹 .Jia, Pingwa	作家出版社	2005 年
	127	中國古青銅器選 / Zhongguo gu qing tong qi xuan	文物出版社	1976 年

排名	馆藏量	书名（含英文书名、汉语拼音）、作者信息	出版社	出版时间
10	121	中華人民共和國出土文物選 = A selection of archaeological finds of the People's Republic of China /	文物出版社	1976 年
	121	長沙馬王堆一號漢墓 / Changsha Mawangdui yi hao Han mu / 团体著者：湖南省博物馆	文物出版社	1973 年
11	119	高兴 / Gao xing / 著者：贾平凹 .Jia, Pingwa	作家出版社	2007 年
12	118	漢唐壁畫 . Han Tang bi hua	外文出版社	1974 年
13	117	中国式离婚 / Zhongguo shi li hun / 著者：王海鸰 .Wang, Hailing	北京出版社	2004 年
14	114	于丹《论语》心得 / Yu dan "Lun yu" xin de / 于丹，1965- 孔子 . 论语 . Yu, Dan, 1965- Confucius Lun yu.	中華書局	2006 年
	114	哈利波特与凤凰社 / Hali Bote yu feng huang she / 著者：罗琳，J.K. 马爱农 . 马爱新 . 蔡文 . Rowling, J. K. Ma, Ainong. Ma, Aixin. 和其它	人民文学出版社	2003 年
	114	隋書：[6 册 85 卷] Sui shu : [6 ce 85 juan] / 著者：魏徵，580–643. 令狐德棻，583–666. Wei, Zheng, 580–643. Linghu, Defen	中華書局	1973 年
15	113	鲁迅小说选 / Lu Xun xiao shuo xuan / 著者：鲁迅，1881–1936. 杨宪益，1915–2009. Lu, Xun, 1881–1936. YangGladys. Yang, Xianyi	外文出版社	2000 年
16	112	藏獒 / Zang ao / 著者：杨志军，1955- Yang, Zhijun, 1955	人民文学出版社	2005 年

排名	馆藏量	书名（含英文书名、汉语拼音）、作者信息	出版社	出版时间
17	111	山楂树之恋 = Hawthorn tree forever / Shan zha shu zhi lian = Hawthorn tree forever / 著者：艾米 .Ai, Mi	江苏文艺出版社	2007 年
18	108	借我一生：记忆文学 / Jie wo yi sheng : Ji yi wen xue / 著者：余秋雨 .Yu, Qiuyu	作家出版社	2004 年
19	106	丝绸之路：汉唐织物 / Si chou zhi lu : Han Tang zhi wu / 团体著者：新疆维吾尔自治区博物馆 .Xinjiang Weiwu'er Zizhiqu bo wu guan	文物出版社	1972 年
20	105	南史：[80 卷]　Nan shi : [80 juan] / 著者：李延寿，7th cent.Li, Yanshou, 7th cent.	中華書局	1975 年
21	104	1988：我想和这个世界谈谈 / 1988 : wo xiang he zhe ge shi jie tan tan / 著者：韩寒，1982-Han, Han, 1982	国际文化出版公司	2010 年
22	103	遼史：[116 卷]　Liao shi : [116 juan] / 著者：脫脫，1313-1355. Tuotuo, 1313-1355	中華書局	1974 年
23	102	新五代史：[3 册 74 卷] / Xin Wu dai shi : [3 ce 74 juan] / 著者：歐陽修，1007-1072. 徐無黨，11th cent. Ouyang, Xiu, 1007-1072. Xu, Wudang	中華書局	1974 年
24	101	红楼梦 / Hong lou meng / 著者：曹雪芹，ca. 1717-1763. 高鹗，ca. 1738-ca. 1815 杨宪益，1915-2009. Cao, Xueqin, ca. 1717-1763.; Gao, E,; Yang, Xianyi	湖南人民出版社外文出版社	1999 年

排名	馆藏量	书名（含英文书名、汉语拼音）、作者信息	出版社	出版时间
25	100	小姨多鹤 / Xiao yi Duohe / 著者：严歌苓 .Yan, Geling	作家出版社	2008 年
	100	遍地枭雄 / Bian di xiao xiong / 著者：王安忆，1954−Wang, Anyi, 1954	文匯出版社 上海文艺出版社	2005 年
26	98	我的世界我的梦 / Wo de shi jie wo de meng / 著者：姚明，1980 里克·布切.张 弛 . Yao, Ming, 1980Bucher, Ric. Zhang, Chi	长江文艺出版社	2004 年
	98	梁書：[56 卷] / Liang shu : [56 juan] / 著者：姚思廉，557-637.Yao, Silian, 557-637	中華書局	1973 年
27	97	趣 味 汉 字 = What's in a Chinese character / 著者：陈火平 .Chen, Huoping	新世界出版社	1999 年
	97	霜冷長河 / Shuang leng chang he / 著者：余秋雨 .Yu, Qiuyu	作家出版社	1999 年
28	96	雷雨 / Lei yu / 著者：曹禺 . 王佐良 . Cao, Yu.; Wang, Zuoliang. Barnes	外文出版社	2001 年
	96	唐詩鉴赏辞典 / Tang shi jian shang ci dian / 著者：萧涤非 . Xiao, Difei	上海辞书出版社	1983 年版
29	95	笨花 / Ben hua / 著者：铁凝 .Tie, Ning	人民文学出版社	2006 年
30	94	三国演义 = Three kingdoms / San guo yan yi = Three kingdoms / 著者：罗贯中 ca. 1330- 1440. 罗慕士，1937- Luo, Guanzhong, ca. 1330-ca. 1400. Roberts, Moss	湖南人民出版社 外文出版社	2000 年

进入表二的图书总共有 39 种，可以说是迄今为止在世界上传播范围

最广的图书，收藏图书馆数量在 94 家至 286 家之间。排名第一的是《中国统计年鉴》，作为了解中国各个方面发展情况的资料性图书，似乎世界每个国家的图书馆都必备，收藏图书馆数量达到 286 家。紧随其后的是历史、考古类图书，如《中国古青铜器选》、《汉唐壁画》、《秦始皇陵兵马俑》、《中华人民共和国出土文物选》、《長沙马王堆一号汉墓》、《南史 80 卷》、《丝绸之路：汉唐织物》、《新中国出土文物》等。上榜量最多的属于中国文学类，如《红楼梦》、《高兴》、《兄弟》、《秦腔》、《藏獒》、《哈利波特与凤凰社》、《鲁迅小说选》、《山楂树之恋》、《借我一生：记忆文学》、《中国式离婚》、《狼图腾》等达到10 多种；再次是汉语辞书类，

（《中国统计年鉴（1981 年）》，中国统计出版社，1982 年 8 月版）

如《汉语读本》、《汉英双解新华字典》、《现代汉语词典（汉英双语)》、《趣味汉字》等。这 39 本图书可以说是中国图书在世界图书市场上基本面貌的浓缩。

通过表中的图书可以发现如下三个问题：

第一、面向国际市场的中文图书推广问题。

进入表二的文学图书最多，分析这些图书上榜原因，可以得出三点结论：

一是中国文学作品的经典著作在长期的对外传播过程中，积累了一定知名度，因此获得普遍青睐。外文出版社 2000 年出版的由著名翻译家杨宪益选编的《鲁迅小说选》达到 113 家，1999 年湖南人民出版社、外文出版社联合出版的《红楼梦》收藏图书馆达到 101 家，外文出版社 2001 年出版的曹禺的《雷雨》收藏图书馆达到 96 家，2000 年湖南人民出版社、外文出版社联合出版的《三国演义》收藏图书馆达到 94 家。这些都是中国代表性的经典文学作品，因此获得世界图书馆系统的广泛收藏。《红楼梦》是中国文学作品的经典，每一家中文图书馆都会备一本，这是毫无疑问的。而鲁迅、曹禺等现代著名作家，在新中国成立后曾经由外文出版社大量出版这些作家的英、法、德文版，其中英译者就是杨宪益、王佐良等著名翻译家，在半个多世纪的对外传播过程

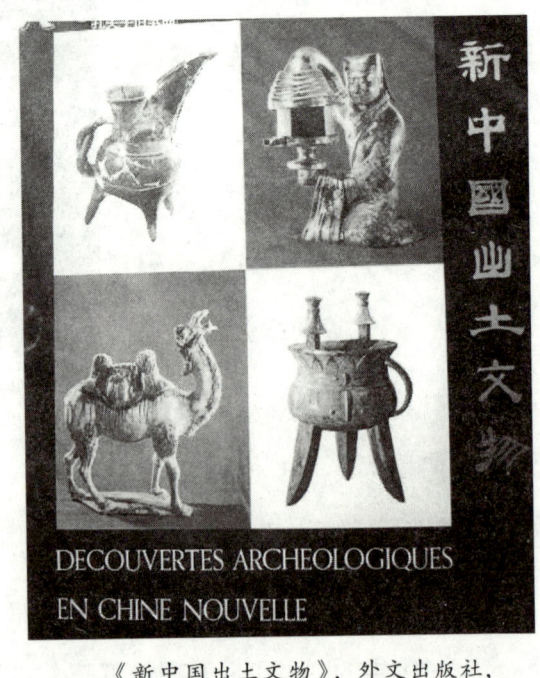

《新中国出土文物》，外文出版社，
1972 年版书影

中，积累了广泛的知名度，因此由他们选编的中文版本也获得海外图书馆的认可。

二是一些作者本身在海内外具有很高的知名度，因此同一作者的中文图书也被世界图书馆所大量收藏。余华的《兄弟》之所以得到142家世界图书馆的青睐，除了作品本身的高质量外，一个主要因素是余华的其他作品，如《活着》借助导演张艺谋改编成为电影在1995年获香港第14届电影金像奖，作者海外知名度因此大增。根据北京师范大学的刘江凯博士的统计，余华的一些作品翻译成法语出版的有15种，韩语的有9种，越南语的有6种，英语的有5种，瑞典语的有2种，捷克语、德语、希伯来语、西班牙语、塞尔维亚语等各有1种。借助张艺谋改编电影的影响而受到海外图书馆青睐的还有2007年江苏文艺出版社出版的艾米的小说《山楂树之恋》，馆藏达到111家。类似情况还有王海鸰的《中国式离婚》。根据该同名小说改编的电视剧在2004年7月上映，由著名导演沈严执导，陈道明、蒋雯丽、贾一平、左小青、咏梅等众多实力派明星主演，收视率当年长期居高不下，电视剧《中国式离婚》获得了2005年中国最佳现代电视剧奖，该书也随之畅销，自然这本图书被海外图书馆所广为收藏。作家出版社2008年出版的严歌苓的小说《小姨多鹤》也属于这种情况，因为电视剧《小姨多鹤》的影响，使中文图书收藏图书馆也突破100家。作家出版社2005年、2007年出版的贾平凹的《秦腔》、《高兴》收藏图书馆数量分别是127家、119家，与贾平凹是中国当代著名的文学家之一，并获得过茅盾文学奖等多种奖项高度相关。与贾平凹相似的还有王安忆、铁凝的作品。上海文艺出版社、文汇出版社 2005 年联合出版的王安忆的《遍地枭雄》收藏图书馆为 100 家，人民文学出版社 2006 年出版的铁凝的《笨花》收藏图书馆达到 96 家。同时，贾平凹、王安忆、铁凝三位作家的作品均有大量海外译本，据不完全统计，贾平凹的作品法语译本有 7 种、英语译本有 5 种、日语译本有 1 种、韩语译本有 1 种；王安忆作品有法语译本有 7 种、英语译本有 5 种、越南语译本有 2 种、德语译本、韩语译本各有 1 种；铁凝有法语译本 5 种、越南语译本 4 种、英语译本 3 种、韩语译本 2 种。这些海外译本证明了这些作家在世界文坛上的知名度。而 2004 年长江文艺出版社出版的姚明的《我的世界我的梦》收藏图书馆也达到 98 家，显然也是这个原因。姚明作为 NBA 篮球巨星在西方世界所获得的知名度，也获得了图书馆系统的认可。

三是经过出版社的大力宣传推广，使一些中文图书直接赢得了世界图书馆系统的认可，因此被大量收藏。最为明显的

《汉英双解新华字典》，商务印书馆国际有限公司，2000 年版

例子就是长江文艺出版社 2004 年推出的《狼图腾》、中华书局 2006 年推出的于丹《论语心得》，收藏图书馆数量分别达到了 148 家、114 家。这是来自中国出版社的推动而获得成功的案例，特别值得认真研究。本文是依据 30 家以上图书馆收藏数据的标准，检索出这一档中文图书在全球馆藏总量为 8179 种，依据此数据从中国 581 家出版社中过滤出符合条件的 362 家进入排名；再将收藏图书馆数量从 30 家提高到 50 家（含 50 家），以此检索出了在世界影响传播最为广泛的 984 种图书，以此为依据做出版年度分析和图书出版与相关领域契合度的分析。在两次检索过程中，每提高一个点数，即意味几十种、上百种图书被淘汰，从 30 家图书馆提高到 50 家，即意味着把 7195 种图书过滤掉了，其中存在着一大批在学术质量、作者知名度以及出版社专业等各个方面均有广泛传播潜力的图书，甚至要远远超过进入表二的 39 种图书。之所以出现这种现象，针对性的海外宣传是一个不可或缺的关键因素。不可否认的是，中国出版社中文图书长期以来缺乏海外宣传推广，甚至可以说根本没有什么海外推广活动，这也是大量高质量中文图书难以进入全球图书馆收藏系统的根本原因。面向世界推广中文图书，据笔者所知，迄今除一些长期从事对外出版业务的出版社之外，中国出版社还普遍缺乏针对性的海外推广意识，强化中国出版在选题、营销以及推广的世界意识，一直是笔者积极主张的观点。通过本文基于全世界 23815 家图书馆的书目数据发现，中国出版的中文图书还存在着一个如此巨大的全球图书馆网络，通过这些图书馆再次传播，覆盖全世界的人群数量不可低估。面向这些设施优良并坐落在世界各个国家的公立、社区、大学、中小学的图书馆开展一些针对性的营销推广活动，与海外读者密切接触，这不仅是扩大中文图书市场的一个有效途径，也是中华文化影响世界的一个针对性举措。遗憾的是，中国出版界面向海外人群举办此类活动可谓罕见。

《中国现代民间绘画选萃》，外文出版社，1990年版

第二，中国出版社与中国优势领域彼此契合问题，这与中国出版社知识生产能力高度相关。

在上一节对出版社的分析中曾经提到，中国图书在世界图书市场上占有一定地位和影响的领域依然是中国传统历史文化范畴，长期以人文、历史类为主。但令笔者产生疑问的是，中国自1979年改革开放至今，在经济、科技等领域取得了长足的进步，诸如航空航天、建筑施工等领域在国际上具有一定的比较优势，但在这些领域取得的成就为什么丝毫没有在图书出版领域中得到反映呢？以航空航天为例，中国在这个领域取得的进步可谓举世注目，但作为这个领域权威的出版社——北京航空航天大学出版社仅以 2008 年出版的《第二十七届中国控制会议论文集》一种图书入选（著者署名是程代展、吴敏，世界各地拥有馆藏的图书馆为 56 家）。中国建筑施工领域同样如此。中国建筑在世界上的竞争力，已经不可小觑。进入世界建筑 500 强的中国建筑施工企业已经达到 225 家，其中国际市场营业额超过 10 亿美元以上的中国建筑施工企业多达 10 家，中国交通建设股份有限公司 2009 年在全世界的排名是第 13 名，2010 年的排名是第 11 名，2010 年的国际市场营业额是 71.34 亿美元。但建设部所属的中国建筑工业出版社，所出版的图书仅有三种进入全球 50 家图书馆以上数据的排名，分别是 1988 年出版的《园林建筑》，著者署名为潘谷西，世界各地拥有馆藏的图书馆数量为 52 家；1987 年出版的《宫殿建筑》，著者署名为于倬云、楼庆西；1980 年出版的《中国古代建筑史》，著者署名为刘敦桢，世界各地拥有馆藏的图书馆数量均为 50 家。从书名就可以判断出，这三本图书均不是中国当下建筑施工领域最新成就的反映。

如果图书出版不可能像电视、报纸、杂志那样及时反映一个行业、领域的发展现状，因为图书出版需要一定的时间积累才能推陈出新这个理论成立的话，似乎可以解释中国航空航天、中国建筑施工等领域出版与现实发展相脱节的现象。但即便是中国历史文化领域也存在着相互脱节的问题，比如中医健康保健、中国武术、中国餐饮等已经在世界各地生根开花，而相应的中文图书却也没有随之获得世界图书馆的青睐，这就不得不令人深思了。

以中医为例，笔者注意到人民卫生出版社这个中国医疗系统最权威的出版社，按照全球 30 家以上图书馆收藏为依据检索，只有 6 本图书进入排名，其中仅有 2 本中医类图书，一本是《中国本草图录》，是 1988 年与香港商务印书馆合作出版的，世界各地拥有馆藏的图书馆数量为 45 家；一本是《中国气功辞典》，1988 年出版，世界各地拥有馆藏的图书馆为 39 家。当把检索标准提高到 50 家以上时，这两本书都无法进入排名。人民卫生出版社只能以 1982 年出版的《汉英常用医学词汇》（在世界各地拥有馆藏的图书馆数量为 64 家）进入排名，从本质上讲这本书属于辞书类，而不是中医图书。为什么中国具有优势的领域，却没有转化为相应的中国出版资源？是中文语言问题？还是图书载体问题？目前还有很多情况不清楚，但基本可以验证本文第一节提出的，中国出版社知识生产能力存在严重问题是确定无疑的。

高质量图书出版需要什么样的条件？政治环境、社会思想解放程度以及行业自身发展水平缺一不可。

再从进入全球 50 家图书馆收藏图书的出版年度来看，年度出版最高的是 1980 年有 55 种、1981 年有 50 种、2000 年有 51 种，年度出版在

40 种以上的年份年分别是 1982 年有 47 种、1983 年有 42 种、1984 年有 46 种、2001 年有 47 种。将 984 种图书的出版年份制成下图二：

图二：被全球 50 家以上图书馆收藏的 984 种中文图书出版年份度趋势图

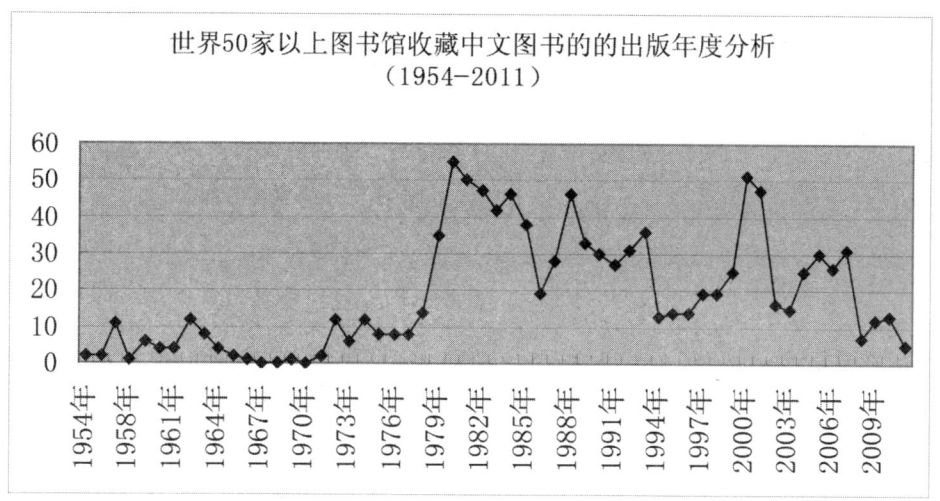

由上图二可以发现，年度出版超过 10 种以上的时间从 1978 年开始一直持续到 2008 年，正好 30 年时间，这 30 年出版的图书总品种数达到 929 种，占 984 种总数的 94%，可以说绝大部分传播范围较广、收藏量较大的图书是在改革开放之后出版的。

众所周知，图书出版是文化创新、思想活跃程度的晴雨表。能够进入世界图书馆藏排名的图书，都是学术创新、思想价值、历史贡献等方面具有不可替代性的，否则各个国家的图书馆不会浪费资财。以馆藏数量排名，起码是对图书质量的一种公正认可。一定意义上说，这些传播范围较广、收藏量较大的图书，出版时间恰恰与我们国家的思想解放、文化政策的宽松历史时间段相吻合。以 1978 年经济改革开放为标志，图书出版在 1981 年迎来繁荣阶段，此后一直持续到 2008 年，这 30 年时间，政治环境由封闭到开放、经济发展由弱到强，出版行业焕发出了前所未有的活力。而进入全球 50 家图书馆排名的还有 57 种图书是 1966 年之前出版的，1949 至 1966 年，正是文化大革命前十七年间文化政策相对宽松的历史时期。可见，要有高质量的中国传世图书出版，最为直接的推动是限制性文化政策的减少，这几乎是一条铁律。

值得提出的是，图二数据在 2008 年至 2011 年间的走向是下滑趋势，2007 年是 31 种，到 2008 年则迅速下滑到 7 种、2009 年略有回升达到 12 种、2010 年是 13 种、2011 年则再次下滑到 5 种。而与之对比更为惊心的是，2008 年中国出版的年度总品种为 27 万种，2009 年、2010 年逐年增加，2011 年已突破 30 种万大关，这意味着在 30 万种图书中只有 5 本能够留存下来。总品种不断增加，而能够传世的图书品种却一降再降。而这四年正是中国出版社全行业体制改革基本完成的历史时期，是否还有其他深层次原因在阻碍着中国出版业没有如预期那样焕发知识生产力？现在下结论恐怕还为时过早，但具有文化传承价值的图书大幅下滑却是值得充分警惕的。

四、中国图书在世界上的传播范围

鉴于数据量的庞大,本文只能以中国出版社的代表——中华书局为例分析收藏中国图书的图书馆国家分布情况。这个数据的选择依据在于,中华书局进入全球50家以上图书馆的品种最多,而且在出版领域、专业优势上恰好符合中国图书在世界图书市场上的基本特征——历史文化、传统典籍,因此解剖中华书局的世界图书馆收藏数据可以窥见中国图书在世界上的传播范围情况。

图三:收藏中华书局图书的图书馆国家及地区分布

1949年以来至2012年世界馆藏中华书局图书的图书馆国家及地区分布

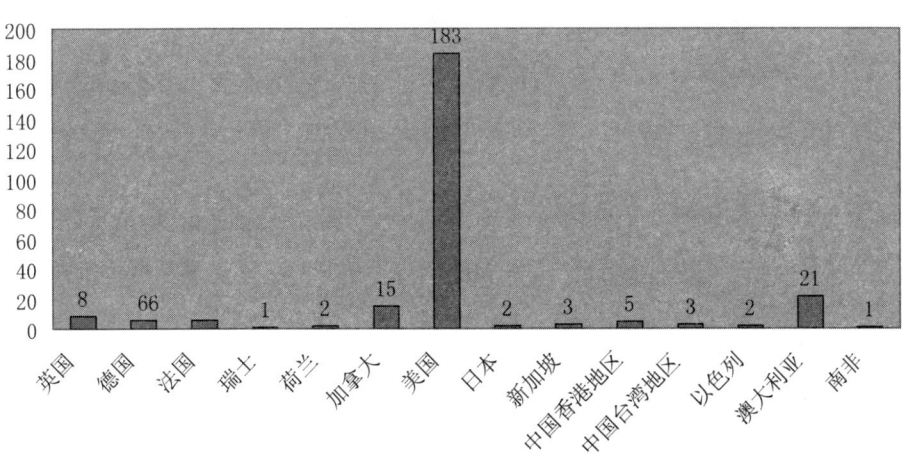

由上图三可以发现,馆藏中华书局图书最多的国家是美国,有183家

图书馆，澳大利亚有21家，加拿大有15家，英国有8家，德国有6家、法国有6家、香港地区有5家、新加坡有3家、台湾地区有3家、日本有2家、荷兰有2家、以色列有2家、瑞士有1家、南非有1家。

依据馆藏中华书局图书的数据分析，值得深入研究的有三点：

一是美国是中华书局图书的最大购买者。为什么美国会成为中国图书的主要购买者？要回答这个问题，首先要认清美国这些图书馆的性质。下表是收藏中华书局图书30种以上的美国图书馆列表：

表三：收藏中华书局图书的美国图书馆名称

排名	收藏中华书局30种图书以上的美国图书馆名称	馆藏数量（种）
1	CORNELL UNIV（美国康奈尔大学图书馆）	97
2	HARVARD UNIV, YENCHING LIBR（哈佛燕京图书馆）	95
3	YALE UNIV LIBR（耶鲁大学图书馆）	92
4	UNIV OF CHICAGO（美国芝加哥大学图书馆）	90
4	EAST ASIAN LIBR AT PRINCETON UNIV（美国普林斯顿大学东亚图书馆）	90
5	UNIV OF CALIFORNIA, LOS ANGELES（美国加州大学洛杉矶分校图书馆）	89
5	UNIV OF WISCONSIN, MADISON, GEN LIBR SYS（美国威斯康星大学麦迪逊分校中心图书馆）	89
6	UNIV OF CALIFORNIA, BERKELEY（美国加州大学伯克利分校图书馆）	87
6	UNIV OF PITTSBURGH（美国匹兹堡大学图书馆）	87
7	UNIV OF MICHIGAN LIBR（美国密歇根大学图书馆）	86
8	STANFORD UNIV LIBR（美国斯坦福大学图书馆）	85

排名	收藏中华书局 30 种图书以上的美国图书馆名称	馆藏数量（种）
9	UNIV OF MINNESOTA, MINNEAPOLIS（美国明尼苏达大学，阿波斯图书馆）	84
10	UNIV OF CALIFORNIA, SANTA BARBARA（美国加州大学圣塔芭芭拉分校图书馆）	82
	UNIV OF WASHINGTON LIBR（美国华盛顿大学图书馆）	82
11	UNIV OF CALIFORNIA, IRVINE（美国加州大学欧文分校图书馆）	81
12	UNIV OF CALIFORNIA, DAVIS, SHIELDS（美国加州大学戴维斯图书馆）	80
	BRIGHAM YOUNG UNIV LIBR（美国杨百翰大学图书馆）	80
13	INDIANA UNIV（美国印第安纳大学图书馆）	79
14	COLUMBIA UNIV（美国哥伦比亚大学图书馆）	75
	UNIV OF P17ENNSYLVANIA（美国宾夕法尼亚大学图书馆）	75
15	WASHINGT19ON UNIV（美国华盛顿大学图书馆）	72
	UNIV OF N CAROLINA, CHAPEL HILL（美国北卡罗来纳大学教堂山分校图书馆）	72
16	UNIV OF CALIFORNIA, RIVERSIDE（美国加州大学河滨分校图书馆）	71
17	UNIV OF KANSAS（美国堪萨斯大学图书馆）	71
18	UNIV OF ILLINOIS（美国伊利诺伊大学图书馆）	70
	UNIV OF VIRGINIA（美国佛吉尼亚大学图书馆）	70
19	UNIV OF COLORADO AT BOULDER（美国克罗拉多州立大学波尔德分校图书馆）	68
	RICE UNIV, FONDREN LIBR（美国莱斯大学范登图书馆）	68
20	OHIO STATE UNIV, THE（美国俄亥俄州立大学图书馆）	66

排名	收藏中华书局 30 种图书以上 的美国图书馆名称	馆藏数量（种）
21	UNIV OF SOUTHERN CALIFORNIA（美国南加州大学图书馆）	62
	DARTMOUTH COL（美国达特茅斯学院图书馆）	62
22	UNIV OF IOWA LIBR（美国爱荷华大学图书馆）	57
23	LIBRARY OF CONGRESS（美国国会图书馆）	53
	UNIV OF NOTRE DAME（美国圣母大学图书馆）	53
24	UNIV OF CALIFORNIA, SAN DIEGO （美国加州大学圣地亚哥分校图书馆）	52
25	CLAREMONT COL ACQRC（美国克莱蒙特学院图书馆）	51
26	RUTGERS UNIV（美国罗格斯大学图书馆）	50
27	STATE UNIV OF NEW YORK, BINGHAMTON LIBR （美国纽约州立大学宾汉姆顿图书馆）	49
28	GRINNELL COL（美国格林内尔学院图书馆）	48
29	SMITH COL（美国史密斯学院图书馆）	47
	JOHNS HOPKINS UNIV（美国约翰霍普金斯大学图书馆）	47
	NEW YORK PUB LIBR（美国纽约州立图书馆）	47
	UNIV OF OREGON LIBR（美国俄勒冈大学图书馆）	47
30	UNIV OF TEXAS AT AUSTIN （美国德州大学奥斯汀分校图书馆）	46
31	UNIV OF HAWAII AT MANOA LIBR （美国夏威夷大学檀香山分校图书馆）	44
	UNIV OF MASSACHUSETTS AMHERST （美国马萨诸塞大学安默斯特分校图书馆）	44
32	UNIV OF SAN FRANCISCO, GLEESON （美国旧金山大学格里森图书馆）	43
	GEORGETOWN UNIV（美国乔治敦大学图书馆）	43

排名	收藏中华书局 30 种图书以上的美国图书馆名称	馆藏数量（种）
33	PURDUE UNIV（美国普渡大学图书馆）	42
34	MICHIGAN STATE UNIV（美国密歇根州立大学图书馆）	39
35	SUNY AT BUFFALO（美国纽约州立大学水牛城分校图书馆）	38
35	WESTERN WASHINGTON UNIV（美国西华盛顿大学图书馆）	38
36	UNIV OF THE WEST（美国西部大学图书馆）	36
37	ARIZONA STATE UNIV（美国亚利桑那州立大学图书馆）	35
37	BOWDOIN COL（美国鲍登学院图书馆）	35
37	DUKE UNIV LIBR（美国杜克大学图书馆）	35
38	UNIV OF CALIFORNIA, N REG LIBR（美国加州大学北部地区图书馆）	34
39	UNIV OF FLORIDA（美国佛罗里达大学图书馆）	33
39	UNIV OF MARYLAND, COL PARK（美国马里兰大学帕克分校图书馆）	33
40	WELLESLEY COL, MARGARET CLAPP LIBR（美国韦尔斯利学院 玛格丽特·克拉普图书馆 ）	32
41	GEORGE WASHINGTON UNIV（美国乔治华盛顿大学图书馆）	31
41	UNIV OF UTAH（美国犹他大学图书馆）	31

由上表三可以发现，馆藏数量最多的是美国康奈尔大学（CORNELL UNIV），馆藏种数达到 97 种，其次是哈佛燕京图书馆（HARVARD UNIV, YENCHING LIBR）95 种、第三名耶鲁大学图书馆（YALEUNIV LIBR）有 92 种，馆藏 90 种以上的还有美国芝加哥大学（UNIV OF CHICAGO）和美国普林斯顿大学东亚图书馆（EAST ASIAN LIBRAT PRINCETON UNIV），分别

是 90 种；馆藏 80 种以上的有 13 家，其中美国加州大学洛杉矶分校（UNIV OF CALIFORNIA, LOS ANGELES）和美国威斯康星大学麦迪逊分校中心图书馆（UNIV OF WISCONSIN, MADISON, GEN LIBR SYS）分别是 89 种；馆藏 70 种以上的有 9 家，其中美国印第安纳大学（INDIANA UNIV）79 种，美国哥伦比亚大学（COLUMBIA UNIV）和美国宾夕法尼亚大学（UNIV OF P17ENNSYLVANIA）是 75 种；馆藏 60 种以上的有 5 家，其中美国克罗拉多州立大学波尔德分校（UNIV OF COLORADO AT BOULDER）和美国莱斯大学范登图书馆（RICE UNIV, FONDREN LIBR）最多，均是 68 种；馆藏 50 种以上的有 6 家，其中美国爱荷华大学（UNIV OF IOWA LIBR）最多，57 种；馆藏 40 种以上的有 12 家，美国纽约州立大学宾汉姆顿图书馆（STATE UNIV OF NEW YORK, BINGHAMTON LIBR）49 种，美国格林内尔学院（GRINNELL COL）48 种；30 种以上的 14 家，美国密歇根州立大学（MICHIGAN STATE UNIV）为 39 种，美国纽约州立大学水牛城分校（SUNY AT BUFFALO）和美国西华盛顿大学（WESTERN WASHINGTON UNIV）均是 38 种。显然，美国这些图书馆中，绝大部分是学术型图书馆。美国最优秀大学几乎都涵盖其中，从东海岸到西海岸，从长春藤大学到各个州立大学，大量购买中华书局的历史典籍和大量高质量的学术图书主要用于学术研究。

值得重视的是进入排名的还有一些城市图书馆和博物馆，数量要远远少于大学图书馆。进入表中的有美国国会图书馆收藏有 53 种，美国纽约州立图书馆有 47 种，还有没有进入列表的有美国纽约州立图书馆罗斯分馆有 24 种、美国史密森博物馆馆藏 22 种、印第安纳波利斯艺术博物馆馆藏 21 种，这些城市图书馆比之大学图书馆更具有广泛的传播性，代表了除学术圈子之外美国社会对于中国传统文化的认知程度。

美国大规模馆藏中文图书是从二次大战结束后开始的，并形成了美国图书馆界的一个优良传统。美国早于欧洲等西方国家，在 1945 年率先成立了图书中心（American Book Center，略称 ABC），作为中文图书收集、研究中心，同年还开设了胡佛研究所（Hoover Institution），1947 年西雅图的华盛顿大学建立远东图书馆，1948 年洛杉矶的加利福尼亚大学建立了东亚图书馆，此后，美国东部匹兹堡大学、中部的伊利诺伊、威斯康星、俄亥俄、明尼苏达，西部的亚利桑那、南部的德克萨斯都先后开始大量收购中文图书。自 1960 年至 1970 年的 10 年间，美国新建的东亚图书馆达到了 50 多所，新增加的中文图书总量相当于美国过去 100 年的积累。根据日本学者松见弘道的数据，自上个世纪 60 年代至 90 年代末期，美国图书馆界收购中文图书速度是平均每年 30 万册，1980 年、1981 年的年度经费达到 1000 万美元，直到本世纪初这个速度才大幅下降。

此外，有一大批华人学者服务于美国图书馆界，他们熟悉中国传统历史典籍，更熟悉这个领域的研究学者，自然关注中华书局等核心出版社的图书，因此在美国图书馆界形成了中国图书采购倾向于的历史、人文、考古等的基本特征。比如老一代华裔学者中有芝加哥大学教授钱存训先生，1933 年生于广州并担任美国国会图书馆亚洲部主任的李伟华先生，新一代学者中有美国俄亥俄威斯利安大学图书馆副馆长金旭东先生，现任俄亥俄州立大学图书馆中、韩文部主任李国庆教授、密歇根大学东亚部主任杨继东教授、哈佛大学燕京图书馆的沈津教授等等（2011 年从哈佛燕京退休）。这么多华裔学者服务于美国图书馆界，使中国历史文化类图书大为受益。

《隋书》，中华书局，1973 年版

从收藏中华书局图书的图书馆国家分布来看，欧洲国家的馆藏数量大大少于美国、澳大利亚、加拿大等国家。

下面分别是澳大利亚、加拿大、欧洲各国家、地区收藏中华书局图书的图书馆列表。

表四：澳大利亚收藏中华书局图书的图书馆列表

排名	澳大利亚、新西兰收藏中华书局版图书的图书馆一览表	馆藏数量
1	AUSTRALIAN NAT UNIV（澳大利亚国立大学图书馆）	70
1	NATIONAL LIBR OF AUSTRALIA（澳大利亚国家图书馆）	70
2	UNIV OF MELBOURNE（澳大利亚墨尔本大学图书馆）	64
3	UNIV OF SYDNEY（悉尼大学图书馆）	56
4	UNIV OF AUCKLAND LIBR（新西兰奥克兰大学图书馆）	37
5	MACQUARIE UNIV（澳大利亚麦觉理大学图书馆）	29

排名	澳大利亚、新西兰收藏中华书局版图书的图书馆一览表	馆藏数量
6	UNIV OF OTAGO LIBR（新西兰奥塔哥大学图书馆）	28
7	MONASH UNIV LIBR（澳大利亚莫纳什大学图书馆）	24
8	ADELAIDE UNIV （澳大利亚阿德雷德大学图书馆）	23
9	VICTORIA UNIV OF WELLINGTON （新西兰维多利亚大学惠灵顿分校图书馆）	20
10	UNIV OF CANTERBURY LIBR（新西兰坎特伯雷大学图书馆）	18
11	MURDOCH UNIV LIBR（澳大利亚莫道克大学图书馆）	15
12	DEAKIN UNIV （澳大利亚迪肯大学图书馆）	8
13	LATROBE UNIV LIBR（澳大利亚拉筹伯大学图书馆）	4
	MASSEY UNIV LIBR(梅西大学图书馆)	4
14	CURTIN UNIV OF TECH（澳大利亚科庭大学图书馆）	3
	UNIV OF NEWCASTLE AUCHMUTY LIBR （澳大利亚纽卡斯大学奥奇纽特图书馆）	3
15	UNIV OF NEW S WALES（澳大利亚新南威尔士大学图书馆）	1
	BOND UNIV LIBR（澳大利亚邦德大学图书馆）	1
	UNIV OF QUEENSLAND（澳洲昆士兰大学图书馆）	1
	UNIV OF WAIKATO LIBR(新西兰怀卡托大学图书馆)	1

表五：加拿大收藏中华书局图书的图书馆列表

排名	加拿大收藏中华书局图书的图书馆名称	馆藏数量
1	UNIV OF TORONTO EAST ASIAN LIBR （加拿大多伦多大学东亚图书馆）	75
2	UNIV OF BRITISH COLUMBIA LIBR （加拿大不列颠哥伦比亚大学图书馆）	68

排名	加拿大收藏中华书局图书的图书馆名称	馆藏数量
3	MCGILL UNIV （加拿大麦基尔大学图书馆）	52
4	UNIV OF ALBERTA （加拿大阿尔伯塔大学图书馆）	35
5	MCMASTER UNIV （加拿大麦克马斯特大学图书馆）	31
6	UNIV OF CALGARY LIBR （加拿大卡尔加理大学图书馆）	19
	UNIV OF VICTORIA, MCPHERSON LIBR （加拿大维多利亚大学麦克弗森图书馆）	19
	YORK UNIV LIBR （加拿大约克大学图书馆）	19
7	UNIV OF TORONTO （加拿大多伦多大学图书馆）	17
8	UNIV OF OTTAWA （加拿大渥太华大学图书馆）	15
9	UNIV OF REGINA （加拿大里贾纳大学图书馆）	14
10	SAINT MARYS UNIV, PATRICK POWER LIBR （圣母玛利亚大学帕特里克电力图书馆）	8
11	SIMON FRASER UNIV （加拿大西蒙菲沙大学）	4
	ROYAL ONTARIO MUS （加拿大皇家安大略博物馆）	4
12	VANCOUVER PUB LIBR （加拿大国立温哥华图书馆）	3

表六：欧洲收藏中华书局图书的图书馆列表

排名	欧洲收藏中华书局图书的图书馆名称	馆藏数量
1	UNIV OF LONDON, SCH OF ORIENTAL & AFRICA （伦敦大学东方语言研究院）	47
2	CAMBRIDGE UNIV （英国剑桥大学图书馆）	41
3	EDINBURGH UNIV LIBR （英国爱丁堡大学图书馆）	39
4	UNIVERSITEIT LEIDEN （荷兰莱顿大学图书馆）	28
5	UNIV OF NEWCASTLE （英国纽卡斯尔大学图书馆）	6
5	UNIV OF SHEFFIELD （英国雪菲尔大学图书馆）	6
6	UNIV OF MANCHESTER LIBR THE （英国曼彻斯特大学图书馆）	5
6	UNIV OF WALES SAINT DAVID （英国剑桥三一大学图书馆）	5
7	UNIVERSITE ARTOIS （法国阿尔图瓦大学图书馆）	3
7	UNIV OF LEEDS （英国利兹大学图书馆）	3

排名	欧洲收藏中华书局图书的图书馆名称	馆藏数量
8	AIX-MARSEILLE1-BU LETTRES （法国马赛大学图书馆）	1
	BORDEAUX3-BUFR LEA-PESSAC （法国蒙田大学图书馆）	1
	LA ROCHELLE-BU （法国拉罗谢尔图书馆）	1
	RENNES2-BU CENTRALE （法国第二图书馆）	1
	INT INST OF SOCIAL HIST （荷兰皇家艺术学院图书馆）	1
	Université de Genève （瑞士日内瓦大学图书馆）	1

由上述表四、五、六可以发现，在图书馆数量、收藏品种等方面，欧洲国家对于中国图书的兴趣要远远小于加拿大、澳大利亚，更无法与美国相比。这些国家的图书馆绝大部分属于大学图书馆，收购中国图书的主要是用于学术研究，这一点与美国相同。可以确定的是，中国图书在西方国家的市场主要是图书馆，是以服务于大学等少数专业人群为对象，与中国出版界大量引进西方版权图书做为大众传播的用途不同。这一点也预示了中国图书今后走出去的产品策略、推广渠道必须要有根本的改变，必须直接面向西方大众，才能摆脱小众化的弊病，实现增强中华文化国际影响力的目标。

发展中国家绝大部分尚且没有数据。

非洲国家中只有一个南非入选。阿拉伯地区仅有以色列。巴西、墨西哥、智利等南美国家以及俄罗斯无一入选。亚洲中只有日本、新加坡和中国香港地区、台湾地区，这个问题的主要原因是 OCLC 数据库上传书目数据的图书馆多是欧美发达国家的图书馆。中国图书的世界市场机构分布，几乎也是当今世界国家公共信息发展水平的一个晴雨表，同样也是当今世界政治、经济影响力格局在世界图书市场的一个投影。笔者不止一次在检索中国出版社出版的图书时，期望能够得到第三世界国家图书馆的收藏数据，但都没有如愿。

总之，本文力图回答三个基本问题：一是世界上哪些中国出版社最有影响，二是中国哪些图书的传播范围最广，三是哪些国家在收藏中国图书。通过上文可以得出的结论是中国历史文化、考古文物、文学艺术、汉语辞书类的出版社排名最靠前，相应收购此类图书的世界图书馆数量也最多，使这一类图书的传播范围要比其他类别的中文图书大得多；而收购此类中国图书的国家以美国最多，其次是加拿大、澳大利亚，再次是少数欧洲国家，而广大的发展中国家尚还没有起步。

值得强调的是，没有发展中国家的馆藏数据，似乎也表明了另外一个问题：那就是中国文化，尤其是中华传统文化的影响力还没有达到这些国家和地区，或者说中国传统文化是否具有足够的影响力，让这些发展中国家挪出购买粮食的钱来购买中国图书？北京外国语大学阿拉伯语系的刘欣路博士曾在 2010 年 10 月至 2011 年 9 月作为授课教师参与了商务部组织的 5 期阿拉伯官员培训班的教学工作，他对 108 名学员进行了调查，在回答"关于中国你最想了解什么"时，选择最多的是"改革开放经验"、"当代中国人的生活"和"伊斯兰教在中国的发展"，至于"儒家思想"、"道家思想"则没有人选择。刘欣路博士还在 2011 年 10 月在黎巴嫩圣约瑟夫大学对该校 150 名阿拉伯学生就同样问题进行了问卷调查，结果与之前一致。刘欣路博士认为，阿拉伯人最关心的是中国现当代文化，而非精神层面的传统文化。这个结论似乎回答了，为什么广大的阿拉伯国家没有收藏中文图书的原因。当然这个问题的背后有多种原因尚不清楚，要透彻解答还需要深入探讨与进行专题研究。

总之，这样一种中国图书世界影响的形成，还有许多因素在起作用。一个不可忽视的客观背景是，中文图书面对的是一个以英语阅读人群为主的国际文化市场格局，全世界绝大部分出版物都是以英文为主，这也影响了全球图书馆对于中文图书收藏的数量，从另一方面也相应限制了中国图书的传播范围。一个明显的例子就是中国出版的英文图书收藏量都很高，因此全世界中文的普及程度绝对是一个不可忽视的因素。此外，比如 Word Cat 书目数据还不足以覆盖世界更多的图书馆，比如欧洲、日本、韩国、俄罗斯的一些普通图书馆数据尚没有完全进入该系统之中，这就造成了本文研究基础数据的一些局限性。因此本文的一些结论尚有推论性质，还显得不够严谨。依据这份数据所勾画出的中国文化影响力版图，似乎也只是一个大致的轮廓。但本文依托全球馆藏数据摆脱当下学界、业界用产业化的方法来评价中国出版社是一个学术探索的开始，期待着业界同仁给予批评指正。

第二章

中国图书世界影响力研究报告
（1949-2013）[1]

　　一个国家、地区的图书馆系统拥有某本图书的数量，代表了这本图书在这个国家、地区知名度的大小，这种知名度包含了对其思想价值、理论水准、艺术水平以及作者知名度、出版机构品牌等各种因素的认定。因此，中国图书在世界各国图书馆的收藏数据，是中国出版国际影响力的核心指标之一。对于这个数据的研究与分析，不仅能够发现文化传承、思想创新与国际传播之间的内在关联，还能够为中国现代传播能力的建立提供一个更为开阔的国际视野。

　　基于世界图书馆收藏中国图书的书目数据对中国图书的世界影响力进行研究，并于 2012 年北京国际图书博览会（BIBF）期间，发布的第

---

① 本文刊发在 2013 年 8 月 28 日《中国图书出版传媒商报》上，刊发时题目为"2013世界馆藏影响力分析报告"。

一次研究报告，得到了广大出版社的积极反馈。笔者在去年的基础上，在 2013 年 8 月 18~23 日五天内对中国 581 家出版社重新进行检测，获得最新的数据情况，特此报告如下。

一、2013年研究报告的数据条件

1. 本次报告的数据来源：与2012年的报告一样，基础数据为OCLC（Online Computer Library Center）的全世界图书馆联机书目数据。根据OCLC的2012年度报告显示，参与OCLC的全世界图书馆数量达到了74029家，图书馆直接会员数量为22955家。其中公共图书馆5152家；大学以及专业学院图书馆4793家；中小学校图书馆7692家；各级各类政府图书馆1683家；职业学院、社区学院图书馆1102家；企业商业图书馆1241家；国家图书馆108家；基金会、协会机构图书馆624家；其他图书馆204家；涉及全世界112个国家和地区，470多种语言。从图书馆所在国家分布来看，这个数据库可以大体衡量出中国图书在当今世界的影响范围。

除OCLC的基础数据之外，本次报告还增加了一些地区、国家的单一语种数据库资料，以此补充OCLC数据偏重欧洲、北美地区的不足。如日本的CiNii数据库。该数据库CiNii全名是Citation Information by National Institute of Informatics，是由日本国立情报研究所提供的一个期刊论文、研究纪要、会议论文、图书等学术信息的检索系统。目前CiNii分为CiNii Article和CiNii Books两部分。Cinii Books包含了日本

1200 所大学图书馆的馆藏联合目录，可检索 150 万个作者信息和 1000 万种约 1 亿册图书的馆藏信息，该数据库覆盖了日本绝大部分图书馆。其书目数据正好可以做中国图书的世界影响力研究。

2. 本文检索设定的依据，是进入全球 30 家以上图书馆的中国出版社的排名。即凡是一个中国出版社所出版的中文图书，图书馆收藏数量超过了 30 家（含 30 家）以上的，即进入排名，以进入品种的多少排名。品种不足 30 家的图书的出版社则不在此列。

3. 检索中国图书的出版时间：1949 年至 2013 年，时间跨度为 64 年间出版的所有中国图书、出版这些图书的出版社。

4. 出版社名称说明：（1）本文排名中省略了近十年来新组建的出版集团名称，只有出版集团所属出版社名称。如当数据出现"重庆出版集团、重庆人民出版社"时，只记录为"重庆人民出版社"，省略了"重庆出版集团"；（2）一些经过更名的出版社其图书品种尽量合并，如原"北京广播学院出版社"的馆藏品种统一合并到"中国传媒大学出版社"名下，"北京图书馆出版社"的馆藏品种则合并到"国家图书馆出版社"名下。

5. 本文检索的图书仅仅是中文图书的馆藏数据，中国出版社出版的英文、法文等外文图书、中国出版社出版的中、外文期刊均不在此次分析之列。

二、具有世界影响力的中国出版社排名

通过以上条件设定，2013 年最新数据勾画了全球视野中的中国出版社影响力排名。其数据列表如下：

表 1：全球 30 家以上图书馆所收藏的中文图书出版社排名

排名	出版社名称	全球 30 家以上图书馆藏品种数
1	中华书局	1568
2	上海古籍出版社	892
3	人民文学出版社	708
4	上海人民出版社	639
5	文物出版社	616
6	中国社会科学出版社	551
7	人民出版社	525
8	北京大学出版社	465
9	上海文艺出版社	425
10	作家出版社	390
11	商务印书馆	321
12	生活·读书·新知三联书店	306
13	科学出版社	260
14	社会科学文献出版社	242
15	南京大学出版社	238

排名	出版社名称	全球 30 家以上图书馆藏品种数
16	四川人民出版社	218
17	上海辞书出版社	214
18	北京出版社	204
19	齐鲁书社	196
20	湖南人民出版社	184
21	中国人民大学出版社	146
22	巴蜀书社	135
23	外文出版社	133
24	中国青年出版社	129
25	国家图书馆出版社	128
26	复旦大学出版社	124
27	福建人民出版社	113
28	浙江人民出版社	112
28	学林出版社	112
29	凤凰出版社（原江苏古籍）	107
30	长江文艺出版社	106
31	文化艺术出版社	104
32	岳麓书社	103
32	江苏人民出版社	103
33	湖北人民出版社	97
34	河南人民出版社	93
35	上海人民美术出版社	92
35	上海教育出版社	92
35	天津人民出版社	92

排名	出版社名称	全球 30 家以上图书馆藏品种数
36	华东师范大学出版社	91
37	人民美术出版社	89
38	语文出版社	88
	辽宁人民出版社	88
39	广西师范大学出版社	87
	北京师范大学出版社	87
40	陕西人民出版社	86
41	民族出版社	83
42	新世界出版社	82
43	山西人民出版社	81
44	春风文艺出版社	80
45	花城出版社	79
46	中国大百科全书出版社	78
47	北京十月文艺出版社	77
	重庆出版社	77
	江苏文艺出版社	77
	东方出版社	77
48	云南人民出版社	76
49	吉林人民出版社	73
50	中国戏剧出版社	72
51	上海书店出版社	71
52	上海社会科学院出版社	68
53	黑龙江人民出版社	67

排名	出版社名称	全球 30 家以上图书馆藏品种数
54	华语教学出版社	66
	百花文艺出版社	66
55	团结出版社	64
56	中国文史出版社	61
	吉林文史出版社	61
	紫禁城出版社	61
	时代文艺出版社	61
57	中央文献出版社	60
	安徽教育出版社	60
58	新华出版社	58
59	河北教育出版社	57
	上海三联书店	57
60	中州古籍出版社	56
	广东人民出版社	56
61	山东教育出版社	55
62	学苑出版社	52
63	五洲传播出版社	51
64	广西人民出版社	50
65	山东人民出版社	49
66	当代中国出版社	47
	南开大学出版社	47
	浙江文艺出版社	47
67	新疆人民出版社	46
	宁夏人民出版社	46

排名	出版社名称	全球 30 家以上图书馆藏品种数
68	贵州人民出版社	45
	北京燕山出版社	45
	华夏出版社	45
	中国电影出版社	45
69	群众出版社	44
	华艺出版社	44
70	解放军出版社	43
	浙江古籍出版社	43
	文汇出版社	43
71	中国藏学出版社	40
	上海文化出版社	40
	武汉大学出版社	40
72	湖北教育出版社	39
73	安徽人民出版社	38
74	中共党史出版社	37
	中国财政经济出版社	37
	黄山书社	37
75	上海书画出版社	36
76	四川大学出版社	35
	今日中国出版社	35
	中国建筑工业出版社	35
	天津古籍出版社	35
	山东文艺出版社	35
	四川民族出版社	35

排名	出版社名称	全球 30 家以上图书馆藏品种数
77	清华大学出版社	34
	辽宁教育出版社	34
78	河北人民出版社	33
	中国广播电视出版社	33
	甘肃人民出版社	33
79	中国统计出版社	32
	国际文化出版公司	32
	江苏美术出版社	32
	湖南文艺出版社	32
80	华文出版社	31
81	江西人民出版社	30
	陕西师范大学出版社	30
82	汉语大词典出版社	29
	江苏教育出版社	29
	高等教育出版社	29
83	中国文联出版公司	28
	外语教学与研究出版社	28
	百花洲文艺出版社	28
84	光明日报出版社	27
85	解放军文艺出版社	26
	大象出版社（原河南教育）	26
86	东方出版中心	25
	三秦出版社	25

排名	出版社名称	全球 30 家以上图书馆藏品种数
87	经济日报出版社	24
	中国国际广播出版社	24
	福建教育出版社	24
	中国旅游出版社	24
	上海科学技术出版社	24
	湖南教育出版社	24
88	世界知识出版社	23
	法律出版社	23
	山东画报出版社	23
	南海出版公司	23
89	宗教文化出版社	22
	中国工人出版社	22
	海豚出版社	22
90	知识出版社	21
	四川文艺出版社	21
	中国社会出版社	21
	上海远东出版社	21
91	花山文艺出版社	20
	吉林美术出版社	20
92	群言出版社	19
	北京语言大学出版社	19
	上海译文出版社	19
	厦门大学出版社	19

排名	出版社名称	全球 30 家以上图书馆藏品种数
92	辽宁大学出版社	19
	辽海出版社	19
93	中国对外翻译出版公司	18
	中共中央党校出版社	18
	中国华侨出版社	18
	云南民族出版社	18
	广东教育出版社	18
	海峡文艺出版社	18
	天津人民美术出版社	18
94	内蒙古人民出版社	17
	中央民族大学出版社	17
	湖南美术出版社	17
95	吉林大学出版社	16
	文津出版社（原北京古籍）	16
	江西教育出版社	16
	昆仑出版社	16
	人民教育出版社	16
	九州出版社	16
96	中央编译出版社	15
	上海外语教育出版社	15
	安徽大学出版社	15
	中国友谊出版公司	15
	教育科学出版社	15
	广西教育出版社	15

排名	出版社名称	全球30家以上图书馆藏品种数
96	人民音乐出版社	15
	甘肃教育出版社	15
97	中国和平出版社	14
	书海出版社	14
97	中国妇女出版社	14
	中信出版社	14
	中国档案出版社	14
	新星出版社	14
	广陵书社	14
98	中国政法大学出版社	13
	四川辞书出版社	13
	浙江教育出版社	13
	中国ISBN中心	13
99	黑龙江教育出版社	12
	时事出版社	12
	人民日报出版社	12
	吉林教育出版社	12
	青海人民出版社	12
	山西教育出版社	12
	接力出版社	12
	浙江大学出版社	12
	安徽文艺出版社	12
	广东高等教育出版社	12

排名	出版社名称	全球30家以上图书馆藏品种数
100	西藏人民出版社	11
	天津教育出版社	11
	大众文艺出版社	11
	人民卫生出版社	11
	上海科学技术文献出版社	11
100	广州出版社	11
	人民交通出版社	11
101	山东大学出版社	10
	国防工业出版社	10
	军事科学出版社	10
	朝华出版社	10
	陕西人民教育出版社	10
	上海交通大学出版社	10
102	中国经济出版社	9
	海南出版社	9
	中国画报出版社	9
103	中国农业出版社	8
	上海画报出版社	8
	海洋出版社	8
	山西古籍出版社	8
	杭州出版社	8
	陕西人民美术出版社	8
	经济科学出版社	8
	首都师范大学出版社	8

排名	出版社名称	全球 30 家以上图书馆藏品种数
103	北岳文艺出版社	8
	线装书局	8
	红旗出版社	8
	河南文艺出版社	8
	辽宁民族出版社	8
	河北大学出版	8
104	地图出版社	7
	贵州民族出版社	7
105	印刷工业出版社	6
	华龄出版社	6
	中国盲文出版社	6
	金城出版社	6
	兰州大学出版社	6
	海天出版社	6
	云南教育出版社	6
	沈阳出版社	6
	广西民族出版社	6
	山西经济出版社	6
106	新疆大学出版社	5
	中国书籍出版社	5
	同济大学出版社	5
	云南美术出版社	5
	世界图书出版公司	5
	中华工商联合出版社	5

排名	出版社名称	全球30家以上图书馆藏品种数
106	测绘出版社	5
	暨南大学出版社	5
	浙江人民美术出版社	5
	东北师范大学出版社	5
	中国城市出版社	5
	汕头大学出版社	5
	远方出版社	5
	太白文艺出版社	5
	珠海出版社	5
107	漓江出版社	4
	湖北辞书出版社	4
	科学技术文献出版社	4
	中国金融出版社	4
	中国人事出版社（现并入中国人力资源和劳动保障出版集团）	4
	中国法制出版社	4
	中国人民公安大学出版社	4
	岭南美术出版社	4
	哈尔滨出版社	4
	大连出版社	4
	科学普及出版社	4
	北京美术摄影出版社	4
	敦煌文艺出版社	4
	湖南大学出版社	4

排名	出版社名称	全球 30 家以上图书馆藏品种数
107	江西高校出版社	4
	陕西旅游出版社	4
	西苑出版社	4
	古吴轩出版社	4
	明天出版社	4
	云南大学出版社	4
108	华中师范大学出版社	3
	经济管理出版社	3
	河北美术出版社	3
	辽宁美术出版社	3
	山东美术出版社	3
	西南财经大学出版社	3
	中国传媒大学出版社	3
	长征出版社	3
	人民中国出版社	3
	中国商业出版社	3
	上海财经大学出版社	3
	济南出版社	3
	宁波出版社	3
	国防大学出版社	3
	石油工业出版社	3
	京华出版社	3
	同心出版社	3
	上海大学出版社	3

排名	出版社名称	全球 30 家以上图书馆藏品种数
108	天津大学出版社	3
	甘肃文化出版社	3
	东南大学出版社	3
	苏州大学出版社	3
	南京师范大学出版社	3
	二十一世纪出版社	3
	中央广播电视大学出版社	3
	中山大学出版社	3
	郑州大学出版社	3
	青岛出版社	3
	龙门书局	3
	辽宁科学技术出版社	3
	广东科技出版社	3
	北京工艺美术出版社	3
109	中国发展出版社	2
	企业管理出版社	2
	中国物价出版社	2
	中国轻工业出版社	2
	中国林业出版社	2
	长城出版社	2
	中国人口出版社	2
	上海科技教育出版社	2
	安徽美术出版社	2
	甘肃民族出版社	2

排名	出版社名称	全球 30 家以上图书馆藏品种数
109	甘肃人民美术出版社	2
	广东旅游出版社	2
	南方日报出版社	2
	河南美术出版社	2
	湖北美术出版社	2
	河海大学出版社	2
	青海民族出版社	2
	农村读物出版社	2
	方志出版社	2
	荣宝斋出版社	2
	中国对外经济贸易出版社	2
	中国纺织出版社	2
	机械工业出版社	2
	中国民主法制出版社	2
	中国物资出版社	2
	中国言实出版社	2
	北方妇女儿童出版社	2
	译林出版社	2
	陕西科学技术出版社	2
	新疆美术摄影出版社	2
	中国摄影出版社	2
	浙江摄影出版社	2
	希望出版社	2
	西南师范大学出版社	2

排名	出版社名称	全球 30 家以上图书馆藏品种数
109	四川美术出版社	2
	江苏少年儿童出版社	2
	北方文艺出版社	2
	百家出版社	2
110	地质出版社	1
	北京工业大学出版社	1
	华东理工大学出版社	1
	四川科学技术出版社	1
	当代世界出版社	1
	台海出版社	1
	中国标准出版社	1
	中国铁道出版社	1
	人民体育出版社	1
	人民邮电出版社	1
	天津科学技术出版社	1
	三环出版社	1
	黑龙江美术出版社	1
	吉林摄影出版社	1
	江苏科学技术出版社	1
	内蒙古教育出版社	1
	山东科学技术出版社	1
	山东友谊出版社	1
	西安出版社	1

排名	出版社名称	全球 30 家以上图书馆藏品种数
110	西安交通大学出版社	1
	四川教育出版社	1
	天地出版社	1
	重庆大学出版社	1
	中国中医药出版社	1
	中国少年儿童出版社	1
	中国三峡出版社	1
	中国大地出版社	1
	天津杨柳青画社	1
	四川少年儿童出版社	1
	上海中医药大学出版社	1
	上海科学普及出版社	1
	辽宁画报出版社	1
	江西美术出版社	1
	湖南师范大学出版社	1
	湖南科学技术出版社	1
	河北科学技术出版社	1
	福建美术出版社	1
	东北大学出版社	1
	大连理工大学出版社	1
	崇文书局	1
	长春出版社	1
	北京理工大学出版社	1

　　通过表 1 的数据可以知道，截止到 2013 年 8 月 23 日，中国出版的中文图书进入全球 30 家以上图书馆的品种数量为 18010 种，出版这些图书的出版社为 392 家。这个数据与 2012 年相比，出版社数量增加了 31 家，而图书总品种净增加了 9831 种。出现这个变化的主要原因在于，2013 年的数据库统计基数增加了日本 1200 家图书馆收藏中国出版的中文图书基础数据。日本图书馆界，曾经很长时间保持着世界馆藏中文图书第一的地位，这个地位直到上世纪末才被北美图书馆所打破。本文统计的图书是 1949 至 2013 年 64 年间中国出版社出版的所有中文图书，一旦加入日本图书馆的数据，这个基数自然会增大很多。

三、具有世界影响力的中文图书排名

依据上述数据设定条件，在上述 18010 种中文图书中，检索出进入全球 100 家图书馆以上的中文图书共有 47 种，具体排名如下：

表 2：具有世界影响力的中文图书排行榜

排名	书名	著译者	出版社	出版时间	收藏图书馆数量
1	新中国出土文物		外文出版社	1972 年	194
2	外国人实用汉语语法	李德津，程美珍	华语教学出版社	1988 年	193
3	汉英双解新华字典	姚乃强	商务印书馆国际有限公司	2000 年	168
4	中国现代民间绘画选萃		外文出版社	1990 年	157
5	哈利·波特与魔法石	罗琳，苏农	人民文学出版社	2000 年	150
6	狼图腾	姜戎	长江文艺出版社	2004 年	147
7	兄弟	余华	上海文艺出版社	2005、2006 年	144
8	哈利·波特与密室	罗琳，马爱新	人民文学出版社	2000 年	142
	生死疲劳	莫言	作家出版社	2006 年	142
9	秦腔	贾平凹	作家出版社	2005 年	132
	现代汉语词典：汉英双语		外语教学与研究出版社	2002 年	132
10	所以	池莉	人民文学出版社	2007 年	131

排名	书名	著译者	出版社	出版时间	收藏图书馆数量
11	汉语读本		商务印书馆	1972年	128
12	哈利·波特与阿兹卡班的囚徒	罗琳，郑须弥	人民文学出版社	2000年	126
13	檀香刑	莫言	作家出版社	2001年	124
14	汉唐壁画		外文出版社	1974年	122
14	典故100	周苓仲，何泽人，李士俶	华语教学出版社	1999、2009年	122
15	歇后语100	尹斌庸，佳岑，欧阳毅	华语教学出版社	1999年	121
16	新时代汉英大词典	吴景荣，程镇球	商务印书馆	2000年	119
17	高兴	贾平凹	作家出版社	2007年	118
17	我的千岁寒	王朔	作家出版社	2007年	118
17	鲁迅小说选	鲁迅，杨宪益	外文出版社	2000年	118
17	他改变了中国：江泽民传	谈峥，Kuhn Robert Lawrence	上海译文出版社	2005年	118
18	中国式离婚	王海鸰	北京出版社	2004年	116
18	成语100	尹斌庸，韩晖，刘峰，刘耕涛	华语教学出版社	1999年	116
19	藏獒	杨志军	人民文学出版社	2005年	115

排名	书名	著译者	出版社	出版时间	收藏图书馆数量
20	哈利·波特与凤凰社	罗琳，马爱新，蔡文	人民文学出版社	2003 年	114
	谚语 100	尹斌庸，韩晖，田园	华语教学出版社	1999 年	114
21	哈利·波特与火焰杯	罗琳，马爱新	人民文学出版社	2001 年	112
	汉语动词 380 例	吴叔平	华语教学出版社	2000 年	112
	1988：我想和这个世界谈谈	韓寒	国际文化出版公司	2010 年	112
22	英汉大词典	陆谷孙	上海译文出版社	1989、1991 年	110
23	红楼梦	曹雪芹，杨宪益	湖南人民出版社，外文出版社	1999 年	109
24	新结婚时代	王海鸰	作家出版社	2006 年	108
	山楂树之恋	艾米	江苏文艺出版社	2007 年	108
	英汉汉英双向法律词典	程超凡	法律出版社	2007 年	108
25	蛙	莫言	上海文艺出版社	2009 年	106
26	三国演义	罗贯中	湖南人民出版社，外文出版社	2000 年	103
	借我一生：记忆文学	余秋雨	作家出版社	2004 年	103
	汉英词典		外语教学与研究出版社	1997 年	103
27	遍地枭雄	王安忆	文汇出版社，上海文艺出版社	2005 年	102
	小团圆	张爱玲	北京十月文艺出版社	2009 年	102
	趣味汉字	陈火平	新世界出版社	1999 年	102

排名	书名	著译者	出版社	出版时间	收藏图书馆数量
28	霜冷长河	余秋雨	作家出版社	1999 年	101
	我们台湾这些年，1977年至今：一个台湾青年写给13亿大陆同胞的一封家书	廖信忠	重庆出版社	2009 年	101
29	达芬奇密码	Brown.Dan，朱振武，吴晟，周元晓	上海人民出版社	2004 年	100
	现代中国画集粹		朝华出版社	1981 年	100

　　表 2 的数据显示了进入全球 100 家以上图书馆的 47 种图书，这 47 种图书的图书馆收藏家数合计为 5743 家，占所有 OCLC 覆盖图书馆总数 22955 家和日本 1200 家总数的 23%，基本是世界图书市场上最有竞争力的中国图书代表。

四、报告的基本结论

通过表1、表2的数据，可以做如下几个方面的探讨：

第一，中国图书的世界影响力仍然以中国社会文化、历史古籍、文物考古、文学艺术、汉语辞书等内容的出版领域为主，但其中，中国文学类图书异军突起，已经占据了绝大部分份额。

这个结论可以从两个方面得到证据：一是以100种以上图书进入全球30家以上图书馆的出版社为例，共有34家出版社，合计品种为10817种，占整个中国出版社总上榜品种的60%强。排名第一位的中华书局有1568种，第二位是上海古籍出版社有892种，第三位是人民文学出版社有708种。中华书局的品种数量仍然保持遥遥领先优势，大约是第二名上海古籍出版社的2倍左右。这34家出版社的类别划分如下图：

**图 1：被世界 30 家以上图书馆收藏超过 100 种以上
图书的中国出版社类别**

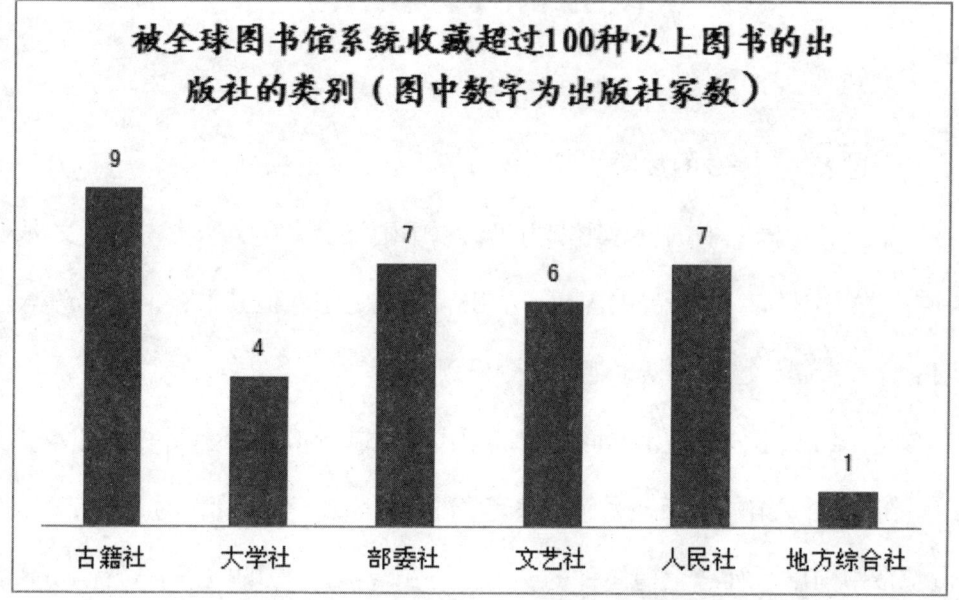

图 1 是根据表 1 中被全球图书馆系统收藏超过 100 种以上图书的出版社类别区分示意图，可以说这 34 家出版社是整个中国上榜出版社的代表。由图 1 可以看出，古籍社比例占 26%，部委社、人民社各占 20%，文艺社占 18%，大学社占 12%，地方综合社占了 3%。总体上看，未来中国出版在世界图书市

《狼图腾》，长江文艺出版社，2004 年版

场的竞争优势集中在中国社会文化、历史古籍、文学艺术、汉语辞书等领域，而超过这个领域的图书则基本不具有竞争力。

二是这四个方面的内容优势并非都是均等的，这从进入全球100家以上图书馆的47种图书的内容就可以发现。具体如下图：

图2：在世界图书市场有竞争力的中国图书内容类别

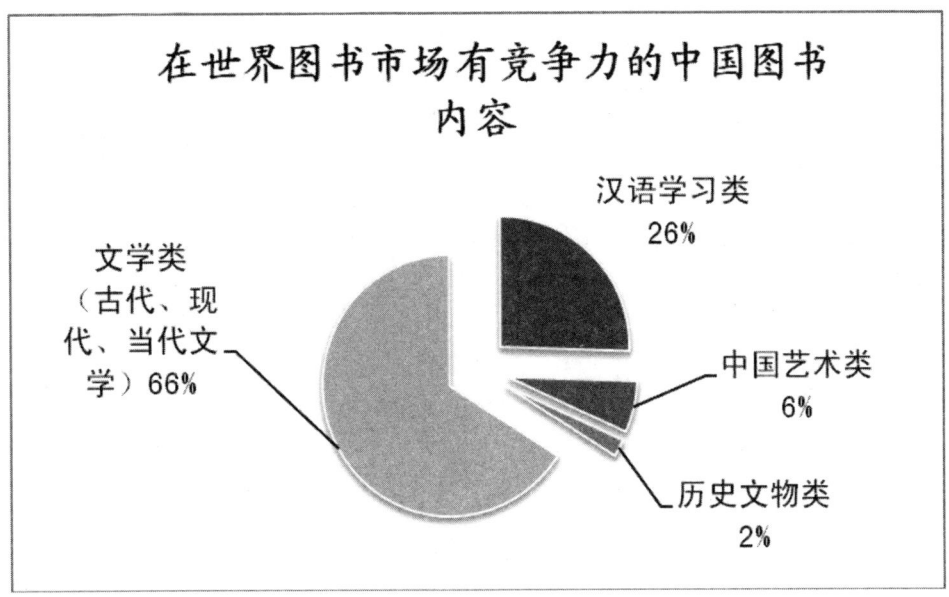

图2是依据表2上榜书单的内容类别整理的示意图。从进入上表图书排行榜的47种图书内容上来看，包含古代文学、现代文学、当代文学在内的文学类图书，共有31种。除了中国古典文学的经典《红楼梦》、《三国演义》之外，还有现代文学作品《鲁迅小说选》；特别是当代文学占据了相当大的比例，如姜戎的《狼图腾》、余华的《兄弟》、莫言的《檀香刑》、贾平凹的《高兴》、王海鸰的《中国式离婚》、廖信中的《我们台湾

这些年，1977 年至今：一个台湾青年写给 13 亿大陆同胞的一封家书》等。翻译成为中文的哈利·波特小说系列就有四种。中国文学类的图书比例高达 66%，第一次取代了历史典籍，占据了主导地位。这也验证了 2012 年本报告的判断：在未来中国参与世界竞争的队伍中，文艺社是最具有世界竞争优势的一个出版方阵。

除了文学图书之外，汉语学习类图书也是具有较大潜力的一个出版领域。本次上榜的图书名单中，有汉语学习类图书 12 种，如《外国人实用汉语语法》、《汉英双解新华字典》、《现代汉语词典：汉英双语》、《汉语读本》、《成语 100》、《歇后语 100》、《谚语 100》等，比例为 26%。这些汉语学习类图书的情况，华语教学出版社有 6 种，商务印书馆有

《外国人实用汉语语法》，华语教学出版社，1988 年版

2 种，外语教学与研究出版社有 2 种，商务印书馆有限公司有 1 种，上海译文出版社有 1 种。从出版时间上来看，大约有 9 种是出版于 2000 年之前，占整个品种比例的 75%。这表明，在汉语学习资源板块，中国出版社的品牌优势、教学服务优势还没有充分发挥出来。尤其是在这个领域具有

专家资源、教学资源的中国教育类出版社，还没有进入全世界影响力的排名榜。

中国艺术类图书共有 3 种，都是出版于上个世纪的图书，分别是《中国现代民间绘画选萃》、《现代中国画集粹》、《汉唐壁画》，比例为 6%，属于中国历史文物类的只有 1 种，即外文出版社 1972 年出版的《新中国出土文物》。在很长时间内，中国中文图书是以传统艺术、考古文物类的内容进入全世界图书馆系统的，本次报告考查期间发现，中国文学类图书比例大大高于中国传统艺术、考古文物类，这是令人欣喜的变化。这表明中国图书世界影响力的面貌在发生着改变。这也由此提醒中国政府以及相关主管部门，在已经出台和即将出台的国家资助计划中，无论是资助内容的选定还是出版社的遴选，都应该充分考虑中国图书在世界市场上的影响力指标。在政府资助领域方面，应该在中国出版社具有优势的领域加大政府扶植力度，尽快让中国出版社在国际市场上做大做强，这样才能尽快掌握话语权，取得国际舆论主动优势。

第二，中国出版的整体知识生产能力依然严峻，但地方出版社充满活力，而个别传统部委社则风光不在。

世界图书馆的馆藏对于一本图书的文化价值的衡量是严格的，也是检验出版组织知识生产能力的一个标尺。世界图书馆界通常采用某一学科划定若干个核心出版社的评价办法来采购图书，这个办法也被中国图书馆界所广泛采用。从整体知识生产能力来看，2013 年上榜的中国出版社有

392 家，比例达到 67%，尚有 189 家没有进入排名，没有上榜出版社比例是 33%。而上榜的 392 家出版社中，绝大部分的组建时间都超过了 30 年，相当一部分具有 50 年的历史。假如按照平均 40 年计算，以 392 家出版社的合计上榜总品种 10810 为分母，则年均生产具有世界影响力的图书仅为 0.7 部；如果加上未上榜的 189 家出版社，则仅为 0.5 部。中国出版社的知识生产能力问题依然十分严峻。

值得指出的是，2013 年上榜的 392 家出版社中，比之 2012 年新增了 31 家出版社，这些出版社绝大部分是地方的专业出版社在地方的大专院校出版机构，如天津杨柳青画社、四川少年儿童出版社、上海中医药大学出版社、上海科学普及出版社、辽宁画报出版社、江西美术出版社、湖南师范大学出版社、湖南科学技术出版社、河北科学技术出版社、福建美术出版社、东北大学出版社、大连理工大学出版社、崇文书局、长春出版社、北京理工大学出版社等。这表明中国地方出版社的出版活动充满活力，地方出版社的知识生产能力在整体提升。

与之相反的是，与 2012 年相比，2013 年有 8 家出版社落榜，这些出版社分别是地震出版社、北京航空航天大学出版社、海潮出版社、人民法院出版社、中国计划出版社、中国税务出版社、天津社会科学院出版社、南京出版社等。在这些出版社里有 1 家大学社、3 家地方社，4 家部委社。这 8 家出版社都在出版领域、出版资源上占有一定优势，但为什么落榜，其中原因值得深思。不可否认的是，在中国出版的市场化环境日益成熟的

今天，仅仅凭借过去行政主管单位的出版资源优势是不够的，不进行彻底
的体制、机制甚至思想观念的变革，不仅做不到发展壮大，甚至还可能影
响到未来如何生存。

五、建议与对策

基于全世界图书馆的馆藏中文书目数据形成的中国出版世界影响力报告，可以发现中国图书在世界市场上的竞争优势。这种研究对于整个出版业界而言，可以清楚地规划中国出版参与世界图书市场竞争的路径；对于某个出版社而言，可以参照这个指标进行产品线规划，拓展出版社的选题视野。

除此之外，通过本报告基于全世界 2 万家图书馆的书目数据发现，中国出版的中文图书在世界上还有一个庞大的需求网络，这个市场不可小觑。以 OCLC 单一数据库显示，2010 年世界图书馆新增中文图书品种为 190840 种，2011 年为 136867 种，这其中包含了中国大陆、中国香港、中国台湾等东南亚华文出版社的所有品种，虽然呈逐年下降趋势，但一直在 10 万种以上。受到馆藏空间以及数字产品的冲击，2012 年仍然达到 98048 种。其中中文数字产品（互联网在线数据库、电子书、影视光盘）在近 5 年间一直呈增长态势。

图 3：全世界图书馆系统每年新增中文数字品种趋势图

（2008-2013.6）：

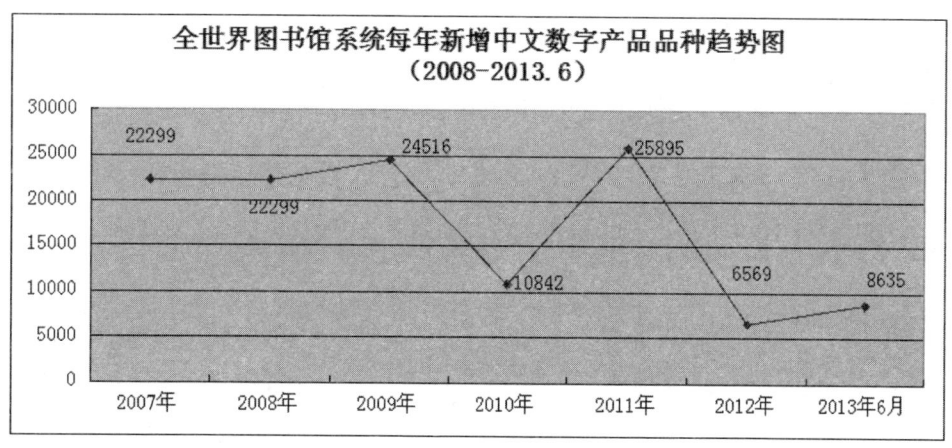

由图 3 的数据可以发现，中文数字产品呈现增加趋势，尤其是 2013 年，仅半年时间内的新增品种就超过了 2012 年全年的品种数量。可以说，中文影视光盘、中文互联网在线数据库、中文电子书等全球市场需求巨大。

中国出版的中文图书以及相关数字产品，通过这些图书馆再次传播，覆盖全世界的人群数量不可低估。欧美地区的图书馆绝大部分设施优良、服务到位，通过坐落在世界各个国家、地区的公立、社区、大学、中小学的图书馆开展一些针对性的营销推广活动，与海外读者密切接触，是扩大中文图书市场的一个有效途径，是中华文化影响世界的一个针对性举措。因此，中国出版走出去，并不仅仅意味着只有翻译成为外文图书才是走出去了。这个观念急需要彻底转变。强化中文图书的海外推广意识，强化出版选题、营销以及推广的世界意识，这是本报告一直积极主张、大力呼吁的观点。

限于 OCLC 数据库地区的局限，绝大部分是以欧洲、北美地区的图书馆为主，尤其是北美地区的图书馆可以覆盖到每个社区。本次报告基础数据增加了日本 1200 家图书馆的数据，纠正了数据过于偏重欧美的缺陷。但俄罗斯、阿拉伯地区的馆藏中文书目数据尚且没有进来，这些不足都需要在未来的研究中进一步弥补。本项研究将会持续进行下去，并逐步通过发布一些地区性的研究报告，以贴近业界，服务于业界。

第三章

中国图书世界影响力年度研究报告

（2014）①

　　基于世界图书馆收藏中国图书的书目数据，对中国图书的世界影响力进行研究，这一项目从 2012 年开始至今我们已经进行了 3 年。这项研究的理论依据是：一个国家、地区的图书馆系统拥有某本书的数量，代表了这本书在这个国家、地区影响力的大小，这种影响力包含了思想价值、学术水平及作者知名度、出版机构品牌等各种因素的认定。因此，中国图书在世界各国图书馆的收藏数据，是中国出版国际影响力的核心指标之一。

　　自 2012 年开始，连续两年在北京国际图书博览会（BIBF）期间发布中国图书的世界影响力年度报告，得到了出版界的积极反馈和学界的认可。与 2012、2013 年不同的是，今年发布的报告，是单就中国大陆 600

---

① 本文刊发在 2014 年 8 月 26 日《中国图书出版传媒商报》，刊发时题目为"海外馆藏：中国图书的世界影响力报告（2014 年版）"。

家出版社 2013 年全年出版的图书品种和收藏图书馆数量进行研究。

我们期望达到两个目的：一是发现中国图书的年度策划和出版品种与学术价值和世界认可之间的关联，探索图书出版与知识生产、思想创新的规律；二是发现中文图书在世界上最具竞争力的板块，为中国出版社拓展国际市场提供帮助。我们期望这种研究能进一步贴近业界需求，对出版社解渴、管用，而不是就学术研究而研究。我们同时希望能为出版社提供更具专业性和针对性的定制服务。

一、2014年研究报告的数据条件

1. 本次报告数据来源：与 2012、2013 年的报告一样，基础数据为 OCLC（Online Computer Library Center）的 WORLDCAT 全世界图书馆联机书目数据，并以日本的 CiNii 数据库的数据，弥补 OCLC 数据偏重欧洲、北美地区的不足。CiNii 包含了日本 1200 所大学图书馆的馆藏联合目录，其数据可以说明中文图书在日本的影响力情况。

2. OCLC 的 WORLDCAT 目录库目前覆盖全世界 2 万多家图书馆，书目数据约 3 亿条，近些年还增加了国家图书馆、上海图书馆、杭州图书馆的中文图书目录。由于国家图书馆具有版本库的意义，因此本报告的数据扣除了国内三家图书馆的中文书目数据。

3. 本次检索中文图书的出版时间是 2013 年 1 月至 12 月，中国近 600 家出版社出版的所有中文图书，包括再版图书（不包括港、澳、台出版社）。

4. 与以往报告一样，出版社名称省略了近 10 年来新组建的出版集团名称，只有出版集团所属出版社名称。如当数据出现"重庆出版集团、重庆人民出版社"时，只记录为"重庆人民出版社"，省略了"重庆出版集团"。

5. 与 2012、2013 年的研究一样，本次报告数据仅是中文图书的馆藏数据，中国出版社出版的英文、法文等外文图书、中国出版社出版的中、外文期刊均不在此次分析之列。

6. 与 2012、2013 年研究报告不同的是，本次排名去掉了全球 30 家以上图书馆收藏的数据条件限制，即 2013 年全年出版的图书品种中，只要有一种图书进入海外馆藏的出版社即进入排名。这样做的目的是为了更全面地探索中国出版在世界影响力状况的发展实际。

二、中国出版社世界影响力年度排名

根据上述条件，我们在 2014 年 6 月 20 日至 7 月 12 日，通过连续 2 周的数据抓取、检索和整理，发现 2013 年中国大陆共有 516 家出版社出版的 37640 种中文图书进入世界图书馆收藏系统，并做出如下排名。

表1：中国出版社 2013 年世界影响力排名

排名	出版社	全球图书馆收藏品种数量
1	中国社会科学出版社	1078
2	社会科学文献出版社	940
3	科学出版社	904
4	清华大学出版社	798
5	人民出版社	700
6	北京大学出版社	687
7	人民邮电出版社	523
8	中华书局	519
9	法律出版社	503
10	电子工业出版社	483
11	广西师范大学出版社	462
12	化学工业出版社	441
13	商务印书馆	419
14	机械工业出版社	408

排名	出版社	全球图书馆收藏品种数量
15	上海古籍出版社	405
16	江苏文艺出版社	382
	学苑出版社	382
17	中国人民大学出版社	378
18	上海人民出版社	353
19	文物出版社	336
20	经济科学出版社	323
21	知识产权出版社	309
22	东方出版社	293
23	浙江大学出版社	292
24	民族出版社	283
25	生活·读书·新知三联书店	266
26	中信出版社	265
27	中国华侨出版社	255
28	光明日报出版社	251
29	作家出版社	243
30	中国政法大学出版社	242
31	中国法制出版社	234
32	新星出版社	233
33	二十一世纪出版社	230
34	中国经济出版社	229
35	国家图书馆出版社	228
36	长江文艺出版社	219
37	新世界出版社	210

排名	出版社	全球图书馆收藏品种数量
38	青岛出版社	208
39	复旦大学出版社	207
40	重庆出版社	203
41	北京师范大学出版社	199
42	人民文学出版社	196
43	湖南文艺出版社	190
44	译林出版社	188
45	高等教育出版社	186
	武汉大学出版社	186
46	九州出版社	185
47	中国书籍出版社	177
48	中国纺织出版社	176
49	经济管理出版社	175
	黄山书社	175
50	人民军医出版社	171
	中国文史出版社	171
51	上海交通大学出版社	167
52	安徽人民出版社	166
53	中国建筑工业出版社	165
	中国青年出版社	165
	中国中医药出版社	165
54	南京大学出版社	163
55	上海三联书店	148
56	湖北少年儿童出版社	146

排名	出版社	全球图书馆收藏品种数量
57	华中科技大学出版社	137
58	厦门大学出版社	136
59	贵州人民出版社	135
	凤凰出版社	135
	中国水利水电出版社	133
60	中国铁道出版社	131
	线装书局	131
61	江苏人民出版社	128
62	漓江出版社	125
63	新华出版社	123
64	湖南人民出版社	122
	宗教文化出版社	122
65	广东人民出版社	120
66	人民卫生出版社	118
67	南海出版公司	117
	江苏美术出版社	117
68	上海科学技术出版社	115
	上海文艺出版社	115
69	华东师范大学出版社	114
70	云南人民出版社	112
71	金城出版社	110
	上海辞书出版社	110
	文化艺术出版社	110
72	东南大学出版社	108

排名	出版社	全球图书馆收藏品种数量
73	中国电力出版社	106
74	中国医药科技出版社	105
	辽宁科学技术出版社	105
	接力出版社	105
	暨南大学出版社	105
75	山东人民出版社	102
	海洋出版社	102
	山西人民出版社	102
76	中央民族大学出版社	101
77	华夏出版社	100
78	天津人民出版社	99
	上海社会科学院出版社	99
79	齐鲁书社	97
80	北京科学技术出版社	96
	中央文献出版社	96
81	湖南美术出版社	94
	浙江人民出版社	94
	西南交通大学出版社	94
82	江苏科学技术出版社	93
	国防工业出版社	93
83	中国农业出版社	91
84	花城出版社	90
85	杭州出版社	88
86	当代中国出版社	88

排名	出版社	全球图书馆收藏品种数量
86	中国美术学院出版社	88
87	湖北美术出版社	87
	岳麓书社	87
88	北京理工大学出版社	86
	浙江少年儿童出版社	86
89	人民日报出版社	85
	安徽少年儿童出版社	85
	大象出版社	85
	明天出版社	85
90	湖南少年儿童出版社	84
	北京燕山出版社	84
	人民美术出版社	84
91	安徽文艺出版社	83
92	中国林业出版社	81
	黑龙江科学技术出版社	81
	中国金融出版社	81
	方志出版社	81
93	中国轻工业出版社	77
94	湖南科学技术出版社	76
	中国旅游出版社	76
95	中国社会出版社	74
	团结出版社	74
96	北方妇女儿童出版社	73
	上海书店出版社	73

排名	出版社	全球图书馆收藏品种数量
96	中国大百科全书出版社	73
97	外语教学与研究出版社	72
	中国财政经济出版社	72
	浙江文艺出版社	72
	四川大学出版社	72
	湖北人民出版社	72
98	金盾出版社	71
	中国妇女出版社	71
99	天津人民美术出版社	70
	山西科学技术出版社	70
100	中国友谊出版公司	69
	南京出版社	69
101	重庆大学出版社	68
	中国工人出版社	68
	苏州大学出版社	68
	世界知识出版社	68
102	安徽美术出版社	67
	北京出版社	67
103	同心出版社	66
	文汇出版社	66
	华中师范大学出版社	66
104	上海人民美术出版社	65
	长春出版社	65
	中国戏剧出版社	65

排名	出版社	全球图书馆收藏品种数量
105	北京工业大学出版社	64
	广西人民出版社	64
	中国电影出版社	64
106	海豚出版社	63
	上海科学普及出版社	63
	陕西人民出版社	63
107	北方文艺出版社	62
	中国发展出版社	62
	江西人民出版社	62
108	河南科学技术出版社	61
	西泠印社	61
109	上海科学技术文献出版社	60
	同济大学出版社	60
	中山大学出版社	60
	山东大学出版社	60
110	经济日报出版社	59
111	中国画报出版社	58
	百花洲文艺出版社	58
	吉林科学技术出版社	58
	时事出版社	58
	新疆青少年出版社	58
112	上海译文出版社	57
113	上海书画出版社	56
114	福建科学技术出版社	55

排名	出版社	全球图书馆收藏品种数量
114	东方出版中心	55
115	大连理工大学出版社	54
	中共党史出版社	54
	世界图书出版公司	54
116	南开大学出版社	53
	晨光出版社	53
117	上海大学出版社	52
	中国地图出版社	52
118	安徽大学出版社	49
119	中央编译出版社	48
	中国统计出版社	48
	北京十月文艺出版社	48
120	台海出版社	46
	上海文化出版社	46
	北京少年儿童出版社	46
	巴蜀书社	46
	宁夏人民出版社	46
121	河南文艺出版社	45
	安徽科学技术出版社	45
	四川美术出版社	45
	新疆美术摄影出版社	45
	南京师范大学出版社	45
122	浙江摄影出版社	44
	人民体育出版社	44

排名	出版社	全球图书馆收藏品种数量
122	中国科学技术出版社	44
	群言出版社	44
	东北财经大学出版社	44
	中州古籍出版社	44
123	中国少年儿童出版社	43
	新蕾出版社	43
	中国广播电视出版社	43
	江苏少年儿童出版社	43
	河北教育出版社	43
124	中华工商联合出版社	42
	中国人口出版社	42
	气象出版社	42
	河北科学技术出版社	42
	百花文艺出版社	42
	中国传媒大学出版社	42
	山东画报出版社	42
	河北少年儿童出版社	42
	天津古籍出版社	42
125	上海财经大学出版社	41
	浙江古籍出版社	41
126	中国商业出版社	40
	群众出版社	40
	中国藏学出版社	40
127	石油工业出版社	39

排名	出版社	全球图书馆收藏品种数量
127	浙江教育出版社	39
	辽宁美术出版社	39
	中国国际广播出版社	39
	中共中央党校出版社	39
	辽宁人民出版社	39
	云南大学出版社	39
128	三秦出版社	38
	古吴轩出版社	38
	西南财经大学出版社	38
	甘肃文化出版社	38
	福建人民出版社	38
129	外文出版社	37
	广东科技出版社	37
	西安交通大学出版社	37
	人民法院出版社	37
	中国城市出版社	37
	北京邮电大学出版社	37
	少年儿童出版社	37
	山东教育出版社	37
130	企业管理出版社	36
	吉林大学出版社	36
	春风文艺出版社	36
	中国环境科学出版社	36
	华龄出版社	36

排名	出版社	全球图书馆收藏品种数量
131	天津大学出版社	35
	天津杨柳青画社	35
	浙江人民美术出版社	35
	吉林人民出版社	35
	中国人民公安大学出版社	35
	广州出版社	35
	华南理工大学出版社	35
	新疆人民出版社	35
132	冶金工业出版社	34
	天津科学技术出版社	34
	印刷工业出版社	34
	天津教育出版社	34
	黑龙江教育出版社	34
	广西美术出版社	34
	甘肃人民出版社	34
133	北京航空航天大学出版社	33
	红旗出版社	33
	海天出版社	33
	江西美术出版社	33
	旅游教育出版社	33
	龙门书局	33
	学林出版社	33
134	河南大学出版社	32
	河北人民出版社	32

排名	出版社	全球图书馆收藏品种数量
135	中央广播电视大学出版社	31
	四川人民出版社	31
	广东教育出版社	31
	五洲传播出版社	31
	湖南师范大学出版社	31
136	知识出版社	30
	大连出版社	30
	福建教育出版社	30
	西南师范大学出版社	30
	解放军出版社	30
	浙江科学技术出版社	30
	吉林美术出版社	30
	中国科学技术大学出版社	30
	兰州大学出版社	30
	敦煌文艺出版社	30
137	广东经济出版社	29
	北京体育大学出版社	29
	时代文艺出版社	29
	上海远东出版社	29
	广陵书社	29
138	中国言实出版社	28
	中国检察出版社	28
	华文出版社	28
	广西科学技术出版社	28

排名	出版社	全球图书馆收藏品种数量
138	河北大学出版社	28
	石油大学出版社	28
139	国家行政学院出版社	27
	花山文艺出版社	27
	湖南大学出版社	27
	中国民族摄影艺术出版社	27
	北岳文艺出版社	27
	延边人民出版社	27
	煤炭工业出版社	27
140	广东旅游出版社	26
	教育科学出版社	26
	国际文化出版公司	26
	山东美术出版社	26
	四川科学技术出版社	26
	昆仑出版社	26
141	哈尔滨出版社	25
	中国时代经济出版社	25
	海峡文艺出版社	25
	甘肃人民美术出版社	25
	中国文联出版社	25
141	贵州民族出版社	25
	中国书店出版社	25
142	中医古籍出版社	24
	中南大学出版社	24

排名	出版社	全球图书馆收藏品种数量
142	岭南美术出版社	24
	湖南教育出版社	24
143	四川少年儿童出版社	23
	江西科学技术出版社	23
	吉林文史出版社	23
	黄河水利出版社	23
	解放军文艺出版社	23
144	中国石化出版社	22
	北京大学医学出版社	22
	海潮出版社	22
	北京语言大学出版社	22
	山西教育出版社	22
	海南出版社	22
	中国摄影出版社	22
	济南出版社	22
	大众文艺出版社	22
	辽海出版社	22
145	科学技术文献出版社	21
	吉林摄影出版社	21
	宁波出版社	21
	中国和平出版社	21
	广东高等教育出版社	21
146	地震出版社	20
	山东文艺出版社	20

排名	出版社	全球图书馆收藏品种数量
146	首都师范大学出版社	20
	中国方正出版社	20
	长征出版社	20
	内蒙古大学出版社	20
147	安徽教育出版社	19
	科学普及出版社	19
	首都经济贸易大学出版社	19
	云南教育出版社	19
	鹭江出版社	19
	中国地质大学出版社	19
148	立信会计出版社	18
	新时代出版社	18
	东华大学出版社	18
	哈尔滨工业大学出版社	18
149	上海教育出版社	17
	未来出版社	17
	四川文艺出版社	17
	江西高校出版社	17
	对外经济贸易大学出版社	17
	内蒙古文化出版社	17
	西藏人民出版社	17
	西安出版社	17
	黑龙江人民出版社	17
	福建美术出版社	17

排名	出版社	全球图书馆收藏品种数量
150	中国宇航出版社	16
	北京工艺美术出版社	16
	上海外语教育出版社	16
150	陕西师范大学出版社	16
	河南美术出版社	16
	学习出版社	16
	西安电子科技大学出版社	16
	河南人民出版社	16
151	西苑出版社	15
	海燕出版社	15
	南方日报出版社	15
	语文出版社	15
	长城出版社	15
	广西民族出版社	15
152	辽宁少年儿童出版社	14
	华东理工大学出版社	14
	湖北科学技术出版社	14
	中国建材工业出版社	14
	中国致公出版社	14
	民主与建设出版社	14
152	山东科学技术出版社	14
	当代世界出版社	14
	人民教育出版社	14
	希望出版社	14

排名	出版社	全球图书馆收藏品种数量
152	辽宁民族出版社	14
153	成都时代出版社	13
	福建少年儿童出版社	13
	西北工业大学出版社	13
	崇文书局	13
	中国三峡出版社	13
	测绘出版社	13
	国防大学出版社	13
	连环画出版社	13
	甘肃教育出版社	13
	紫禁城出版社	13
154	中国标准出版社	12
	上海音乐出版社	12
	中国农业大学出版社	12
	中国海洋大学出版社	12
	人民音乐出版社	12
	江西教育出版社	12
	延边大学出版社	12
	青海人民出版社	12
155	太白文艺出版社	11
	中原农民出版社	11
	新世纪出版社	11
	湖北教育出版社	11
	荣宝斋出版社	11

排名	出版社	全球图书馆收藏品种数量
155	白山出版社	11
	羊城晚报出版社	11
	东北大学出版社	11
156	人民交通出版社	10
	军事医学科学出版社	10
	朝华出版社	10
	北京美术摄影出版社	10
157	郑州大学出版社	9
	电子科技大学出版社	9
	内蒙古人民出版社	9
	兵器工业出版社	9
	天津社会科学院出版社	9
	辽宁教育出版社	9
	远方出版社	9
	京华出版社	9
158	天地出版社	8
	陕西科学技术出版社	8
	中国计划出版社	8
	星球地图出版社	8
	哈尔滨工程大学出版社	8
	沈阳出版社	8
	山西经济出版社	8
	西藏藏文古籍出版社	8
	四川民族出版社	8

排名	出版社	全球图书馆收藏品种数量
158	上海中医药大学出版社	8
159	北京教育出版社	7
	江苏教育出版社	7
	中国人事出版社	7
	上海世界图书出版公司	7
	上海科技教育出版社	7
	中国矿业大学出版社	7
	华艺出版社	7
	黄河出版社	7
	甘肃民族出版社	7
	地质出版社	7
160	中国盲文出版社	6
	中国协和医科大学出版社	6
	华语教学出版社	6
	黑龙江美术出版社	6
	农村读物出版社	6
	文津出版社	6
	云南美术出版社	6
	党建读物出版社	6
	军事科学出版社	6
161	第二军医大学出版社	5
	大连海事大学出版社	5
	中国对外翻译出版公司	5
	内蒙古少年儿童出版社	5

排名	出版社	全球图书馆收藏品种数量
161	东北林业大学出版社	5
	汕头大学出版社	5
	西北大学出版社	5
	德宏民族出版社	5
	东北师范大学出版社	5
	云南民族出版社	5
162	中国税务出版社	4
	河北美术出版社	4
	四川教育出版社	4
	四川辞书出版社	4
	山东省地图出版社	4
	黑龙江朝鲜民族出版社	4
	吉林出版集团有限公司	4
	辽宁大学出版社	4
	陕西人民美术出版社	4
	海风出版社	4
	贵州科学技术出版社	4
163	中国物资出版社	3
	南方出版社	3
	云南科学技术出版社	3
	贵州教育出版社	3
	山东友谊出版社	3
	甘肃科学技术出版社	3
164	航空工业出版社	2

排名	出版社	全球图书馆收藏品种数量
164	西北农林科技大学出版社	2
	陕西人民教育出版社	2
	成都地图出版社	2
	中国工商出版社	2
	书海出版社	2
	青海民族出版社	2
	新疆大学出版社	2
	中国民航出版社	2
	人民武警出版社	2
165	蓝天出版社	1
	长虹出版公司	1
	福建省地图出版社	1
	汉语大词典出版社	1
	军事谊文出版社	1
	陕西旅游出版社	1
	中华地图学社	1
	中国档案出版社	1
	新疆人民卫生出版社	1
	宁夏人民教育出版社	1
	哈尔滨地图出版社	1
	甘肃少年儿童出版社	1
	朝花少年儿童出版社	1

　　表 1 的统计数据，给了我们一个与前两年不同的面貌。2012、2013

年的统计数据，时间维度是从 1949 年开始截止至 2012 年上半年、2013 年上半年的数据，检索条件限定在只有进入全球 30 家以上图书馆收藏的出版社才能进入排名，因此一些具有历史、古籍、文艺等人文社科资源优势的大社、强社一直占据着榜单的前 10 名。比如在 2012 年的前 10 名中，就分别是中华书局、上海古籍出版社、文物出版社、人民文学出版社、上海人民出版社、中国社会科学出版社、人民出版社、北京大学出版社、南京大学出版社、作家出版社；2013 年的前 10 名分别是中华书局、上海古籍出版社、人民文学出版社、上海人民出版社、文物出版社、中国社会科学出版社、人民出版社、北京大学出版社、上海文艺出版社、作家出版社。将时间缩短为 1 年，没有了全球 30 家以上图书馆收藏的数据条件时，中国出版业的动态发展状况就更加清楚地体现出来了。从出版领域上看更为全面、精准，从出版社类别上看，一些专业社的上榜比例较大，更为动态地呈现出了中国图书出版的创新发展进程。如本次排名第一的是中国社会科学出版社，收藏品种为 1078 种，第二名为社会科学文献出版社，收藏品种为 940 种，第三名为科学出版社，海外收藏品种为 904 种，第四名为清华大学出版社，收藏品种为 798 种，第五名为人民出版社，收藏品种为 700 种，第六名为北京大学出版社，上榜品种为 687 种，第七名为人民邮电出版社，上榜品种为 523 种，第八名为中华书局，上榜品种为 519 种，第九名为法律出版社，上榜品种为 503 种，第十名为电子工业出版社，上榜品种为 483 种。前两年没有进入前十名的社科文献出版社、科学出版社、清华大学出版社、法律出版社、电子工业出版社、人民邮电出版社等6家均进入了前10名排行榜。整个数据展现了2013年度中国大陆出版社的年度品种生产与文化创新质量之间的一个动态发展状况。

通过表1的数据，可以做如下分析：

第一，总体上看，中国出版业的世界影响愈来愈大，文化创新质量水平已经具有了一定基础。

2013年中国大陆516家出版社出版的37640种中文图书进入世界图书馆收藏系统，这约占2013年全国新书40万种（含再版）9%的比例。这表明在中国大陆出版社的总量中，大约有十分之一弱的比例符合知识创新与文化传承的要求，并进入了世界图书馆系统。由于出版总量中含有大量的中小学教材品种，而这部分品种是不在世界图书馆收藏系列的，这表明中国出版业的文化创新质量水平已经具有了一定基础，中国出版的世界影响愈来愈大。

这里有一个大的背景，那就是近几年海外图书馆收藏中文图书的总体趋势收紧，尤其是一些大学图书馆系统，受馆藏空间影响，加大了电子书的采购比例，对中文纸质图书采购总体上保持原有规模没有增加。以位于洛杉矶的加州大学系列东亚图书馆为例，加州大学洛杉矶分校、伯克利分校、欧文分校、河滨分校、圣塔巴巴拉分校、圣地亚哥分校等六家图书馆，具有超过百万种的中文藏书均没有副本，一本书只要读者有需求，各个分馆之间进行互借和调剂。一些再版书，如果不是修订版或者重新增删版，都不再进行采购。

中国图书海外馆藏的新增加部分差不多都来自于公共图书馆，尤其是北美各地中国城的图书馆增加最快。以芝加哥中国城图书馆为例，根据陈思（Si cheng）馆长对笔者的介绍，全馆共有近2万种中文图书，其中大陆出版社与港、澳、台出版社的比例各占50%，全芝加哥80多个分馆中，按照工作强度最大、最忙的图书馆排名，20多年间均排在第一位，该馆中文图书流转率每月超过2万种。芝加哥其他社区的居民，只要是想阅读中文书，就到中国城图书馆来借阅。设在中国城（ChinaTang）的图书馆在全美公共图书馆系统中正在发挥着传播中国文化的"窗口作用"。目前的芝加哥中国城图书馆的空间已经不能满足需要，最近中国城图书馆正在准备迁址，新馆的收藏空间更大、设施更新。而带动这种增长的动力就是中国移民的快速增加，因为服务与满足社区居民的需求是公共图书馆的第一职责。尽管如此，陈思馆长介绍，对于图书副本的选择，受公共经费的限制，也是由过去的2到3种副本采购，改为不再选购副本。

虽然公共图书馆的需求与大学图书馆的需求有着很大不同，但在对于图书质量的选择上是一致的，那就是精挑细选。不是确有价值与所需，是不会花钱购进的。由此可见，今年上榜的516家大陆出版社的37640种图书，在内容、质量等方面都是经过了一番检验的。

尽管如此，中国出版界以品种带动发展的"广种薄收"模式还是体现得较为明显。比如今年上榜的前10名出版社，通过OCLC的书目检索，得出的 2013 年度品种总量都在 1200 多种以上，有些出版社甚至是 2000 多种（含再版），基本上是"日出四书"甚至是有更大的出版规模。因为包含了国家图书馆、上海图书馆、杭州图书馆的书目数据，而国家图书馆具有版本库性质，必须扣除这些数据，才能使中国书业的世界影响分析更为真实。本报告花费了大量时间，通过扣除国内三家图书馆的数据，才得出表 1 的榜单。

因此我们的初步判断是，通过 2013 年中国大陆出版社的全球馆藏品种数据发现，中国书业以品种带动发展、"广种薄收"的生产模式虽然还没有得到根本的改变，但中国大陆出版社的知识生产能力在不断提高，而且已经具有了一定基础。

第二，我们对世界图书馆去年所藏中文图书进行细分发现，文化资源与品牌优势对于知识生产推动明显，部委社、大学社、文艺社、少儿社等出版社文化创新能力、知识生产水平比较突出。

表 2：2013 年进入世界图书馆系统的品种数量、出版社类别、比例一览表

	大学出版社	部委出版社	地方社	少儿社	文艺社
比例	18%	51%	23%	3%	5%
数量	6786	19186	8796	1130	2006
家数	92	179	200	23	22

表 2 是把 2013 年上榜的 516 家出版社按照类别进行细分。单就品种数量来看，具有行业、领域出版资源的部委社的品种最多，179 家出版社

的19186种图书被图书馆系统收藏，比例超过51%；其次是地方社，包含地方人民社、科技社、教育社、古籍类出版社，合计200家的8796种图书摆上了图书馆的书架，比例为23%；再次是92家大学社的6786种图书，比例达到了18%。这三类出版社几乎囊括了中国最著名的大社、强社，既有作为文化传承与知识创新的主要阵地大学出版社，也有历史悠久，长期在某个领域耕耘的部委社、专业社。长期积累的出版资源与品牌优势积累，集聚了优质图书，使部委社、大学社领跑中国书业的知识生产。

这个结论还可以在不同类别出版社的平均上榜品种对比中得到验证，详见下图1。

图1：不同类别出版社平均品种对比

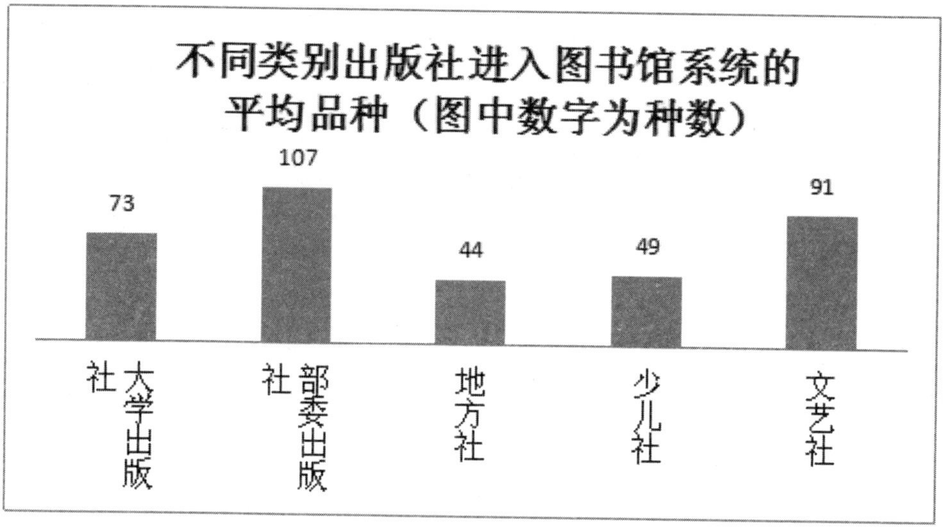

不同类别出版社进入图书馆系统的平均品种（图中数字为种数）

大学出版社	部委出版社	地方社	少儿社	文艺社
73	107	44	49	91

由图1的对比可以发现，部委出版社进入世界图书馆系统的平均品种

最高，达到 107 种；其次是文艺社为 91 种，再次是大学社为 73 种，少儿社也有 49 种。这表明部委社、大学社、文艺社、少儿社的文化创新能力、知识生产水平要远远高于其他类别的出版社。

但是部委社、大学社、文艺社、少儿社的文化创新又有所不同。在新世纪十年来，随着国家各类出版工程、计划、项目的实施，各类出版资助的金额逐年增大，一些具有品牌优势的部委社、大学社成为国家出版资助的主要受益者，大量出版资金进入了这些出版社，使一些高质量的学术图书得到了出版。这是依靠长期积累的品牌优势获得了出版资源，品牌与出版资源之间形成了良性循环。而文艺社、少儿社则主要依靠市场开拓带动文化创新。比如文艺类、少儿类图书在影视互动、动漫游戏互动、手机阅读、网络阅读、引进版与原创等多个方面风生水起，在纯粹市场开拓方向上走出了一条发展路径，文化创新与知识生产水平是在市场拼搏中形成的。从长远看，后者比前者更具有发展后劲。

三、2013年最有世界影响力的中文图书

在具有影响力的中文图书分析中，我们设定了以进入全球30家以上（含30家）图书馆的中文图书为最低标准。即凡是一本中文图书，图书馆收藏数量超过了30家（含30家）以上的，即进入排名，不足30家的图书则不在此列。按照这个标准，得出本年度具有世界影响力的中文图书排名。（见表3）

表3：2013年度最有世界影响力的中文图书排行榜

排序	书名	作者	类型	出版社	全球收藏图书馆数量
1	第七天	余华	文学	新星出版社	99
2	带灯	贾平凹	文学	人民文学出版社	90
3	宝贝	六六	文学	长江文艺出版社	61
4	全世界人民都知道	李承鹏	文学	新星出版社	60
	黄雀记	苏童	文学	作家出版社	60
5	长安盗	海岩	文学	江苏文艺出版社	59
6	日夜书	韩少功	文学	上海文艺出版社	58
7	看见	柴静	文学	广西师范大学出版社	56
8	繁花	金宇澄	文学	上海文艺出版社	53
9	我所理解的生活	韩寒	文学	浙江文艺出版社	52

排序	书名	作者	类型	出版社	全球收藏图书馆数量
10	只有医生知道	张羽	文化、科学、教育、体育	江苏人民出版社	49
	邓小平时代	冯克利．傅高义（美 Vogel, Ezra F）	政治、法律	生活·读书·新知三联书店	49
11	长相思	桐华	文学	湖南文艺出版社	47
	蚀心者	辛夷坞	文学	江苏文艺出版社	47
12	众声喧哗	王安忆	文学	上海文艺出版社	46
13	明清之际西学文本：50 种重要文献汇编	黄兴涛等	综合性图书	中华书局	45
	眠空	安妮宝贝	文学	北京十月文艺出版社	45
14	立	池莉	文学	长江文艺出版社	43
	北去来辞	林白	文学	北京出版社	43
15	一号命令	叶兆言	文学	江苏文艺出版社	42
	幸福要回答	杨澜、朱冰	文化、科学、教育、体育	江苏文艺出版社	42
16	炸裂志	阎连科	文学	上海文艺出版社	40
17	野性的红高粱：莫言传	叶开	文学	二十一世纪出版社	39
18	十年一觉电影梦：李安传	张靓蓓	文学	中信出版社	38
	不省心	冯小刚	文学	长江文艺出版社	38
	爱情的开关	匪我思存	文学	新世界出版社	38
19	朱镕基上海讲话实录	朱镕基	政治、法律	人民出版社	37

排序	书名	作者	类型	出版社	全球收藏图书馆数量
19	忐忑的中国人	梁晓声	文学	中国社会出版社	37
	沙海：荒沙诡影	南派三叔	文学	新世界出版社	37
20	河神：鬼水怪谈	天下霸唱	文学	安徽人民出版社	36
	出梁庄记	梁鸿	文学	花城出版社	36
21	谢谢你离开我	张小娴	文学	湖南文艺出版社	34
	懦者	梁晓声	文学	湖南文艺出版社	34
	婚久必昏	晓月	文学	湖南文艺出版社	34
22	中国人的焦虑从哪里来	茅于轼	经济	群言出版社	33
	长相思2	桐华	文学	湖南文艺出版社	33
	从你的全世界路过	张嘉佳	文学	湖南文艺出版社	33
	波特哈根海岸	王安忆	文学	新星出版社	33
23	所有人问所有人	韩寒	文学	湖南人民出版社	32
	迷冬：青春的狂欢与炼狱	胡发云	文学	人民文学出版社	32
	北京遇上西雅图	薛晓路	文学	华艺出版社	32
24	西藏秘密：1959年以前西藏到底发生了什么？	刘德濒	历史、地理	西藏人民出版社	31
	文学回忆录	木心	文学	广西师范大学出版社	31
25	中国古籍总目·索引		综合性图书	中华书局、上海古籍出版社	30
	一个：很高兴见到你	韩寒	文学	浙江文艺出版社	30
	我们家	颜歌	文学	浙江文艺出版社	30

排序	书名	作者	类型	出版社	全球收藏图书馆数量
25	晚安玫瑰	迟子建	文学	人民文学出版社	30
	铜雀春深	赵玫	文学	作家出版社	30
	莫失莫忘	秋微	文学	中信出版社	30
	返城年代	梁晓声	文学	东方出版中心	30

这一排名，恰好收入 2013 年最有世界影响力的 50 本中文图书目录、收藏图书馆数量、出版社列表。通过这个列表，我们分析如下：

第一，中国当代文学已经成为最具有优势的板块，彻底改变了中国历史、典籍等占据主要地位的历史。

将 50 本图书按照内容分类制成下图 2：

图 2：2013 年最有世界竞争力的中文图书内容分类

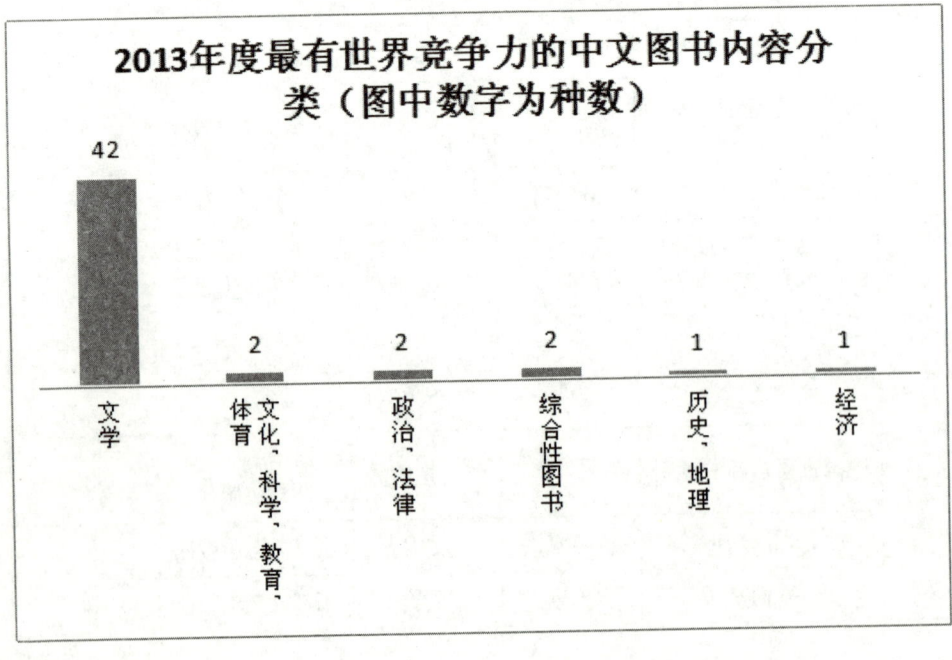

2013年度最有世界竞争力的中文图书内容分类（图中数字为种数）

文学 42
体育、文化、科学、教育、 2
政治、法律 2
综合性图书 2
历史、地理 1
经济 1

　　由图 2 可以发现，2013 年出版的文学类图书上榜品种为 42 种，占据了 79% 的比例，具有压倒性的优势，显然是最具有世界市场竞争力的内容。单就书名来看，排在第一名至第九名的全部是中国当代文学作品，既有在世界文坛享有大名的纯文学作家，如余华的《第七天》、贾平凹《带灯》、苏童的《黄雀记》、韩少功《日夜书》，也有国内畅销书作家六六的《宝贝》、海岩的《长安盗》，还有双栖作家柴静的《看见》、金宇澄的《繁花》，还有 80 后作家韩寒的《我所理解的生活》等等。

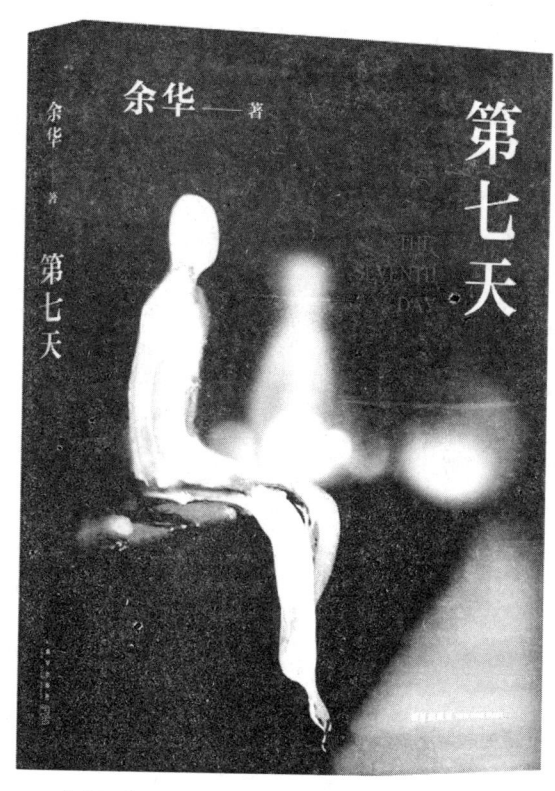

《第七天》，余华著，新星出版社，2013 年版

　　OCLC 的成员馆数量，按照 2012 年 OCLC 公布的数据为 22955 家。其中公共图书馆 5152 家、大学以及专业学院图书馆 4793 家、中小学校图书馆 7692 家、各级各类政府图书馆 1683 家、职业学院、社区学院图书馆 1102 家、企业商业图书馆 1241 家、国家图书馆 108 家、基金会、协会机构图书馆 624 家，其他图书馆 204 家。这些图书馆采购中文图书的偏好各有侧重。从数量上来看，最多的是中小学图书馆，第二是

公共图书馆，第三才是大学以及专业学院图书馆。这三类图书馆的采购状况基本决定了中文图书在世界各个国家读者面前呈现的基本面貌。有的侧重教育与普及类图书，有的侧重学术研究类图书，但在对中国文学等流行图书的选择上却具有一定的共通性，那就是普遍受作家、作品知名度的影响。比如，笔者在北美实地调研中得知，莫言作品的各种版本（包含中国台湾的繁体字本），无论是大学图书馆还是公共图书馆，各个馆均有收藏，有的公共馆甚至设有莫言专柜。

本年度大量国内流行的文学图书上榜，与这些作品在国内获得了广泛的知名度有关，因此也影响了世界图书馆系统的选择，使国内外判断标准逐渐合流。长期以来，欧美文坛以自己的标准对中国当代文学进行选择和评价的情形，在图书馆系统正在逐步改变，即国内文坛开始影响和改变在世界图书市场对于中国当代文学的评判标准，显然这是一个重要变化。它意味着中国当代文学的世界话语权在逐步增强。这也再次验证了本项研究在2013年得出的结论："在未来中国图书参与世界竞争的队伍中，文艺社是最具有世界竞争优势的一个出版方阵。"

中国政治、法律类图书，中国文化、科学、教育、体育类图书，以及综合性图书分别有2种上榜，这些书中既有《朱镕基上海讲话实录》、（美）傅高义的《邓小平时代》这类厚重的政治、学术内容，也有女性心灵修养经验的《幸福要回答》（杨澜、朱冰），还有中华书局的《明清之际西学文本：50种重要文献汇编》、中华书局与上海古籍出版社的《中国古籍总目·索引》一类曾经长期成为欧美图书馆重点收购的中国历史典籍。中国历史典籍、中国健康养生和学术著作，这些都曾经是世界图书市场对于中国出版重点关注的板块，也是世界图书馆系统长期收购、收藏的内容方面，只不过在 2013 年的中文图书中，收购比例不再像以往那样大。

《带灯》，贾平凹著，人民文学出版社，2013 年版

分别只有 1 种上榜的是中国经济类、历史地理类，这两种图书分别是茅于轼的《中国人的焦虑从哪里来》和刘德濒的《西藏秘密：1959 年以前西藏到底发生了什么？》。严格来讲，茅于轼的这本书不算是经济类图书，只因为茅于轼经济学家的身份，并从经济学角度阐释中国当代社会；刘德濒的书虽然属于真正的历史、地理类内容，但也因为西藏在欧美世界的敏感度而获得世界图书馆系统的高度关注。这从另外一个方面证明上述的结论，过去长期以中国历史、地理类图书为主的中文图书在世界市场上在发生改变，中国文学类图书，特别是中国当代文学类内容取得了绝对的优势地位。

第二，在中国当代文学领域，地方文艺社异军突起，而且国内流行的

青春文学作家、作品与传统纯文学的专业作家队伍一道，开始角逐世界
市场。

图 3：2013 年世界影响力最大图书的出版社品种对比

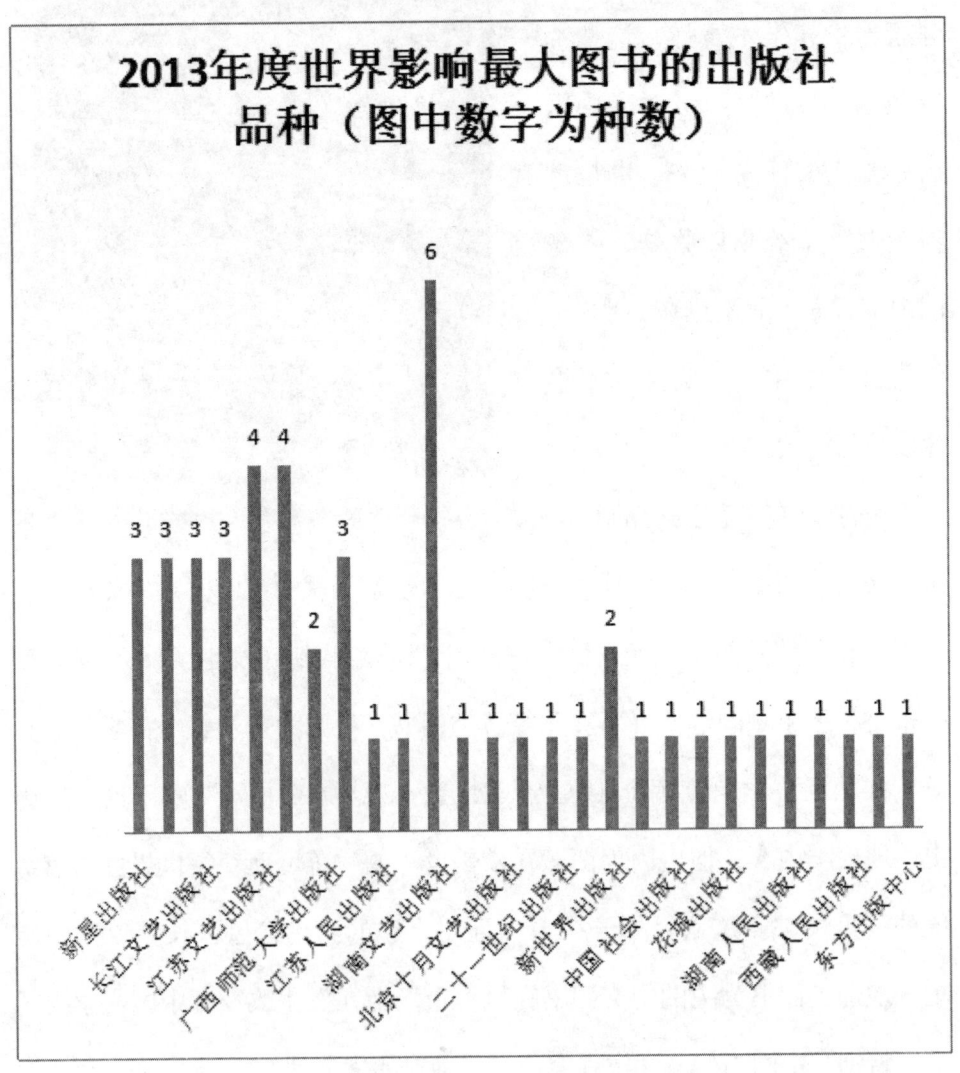

图 3 是将出版 2013 年最有世界影响力的 50 本图书的出版社进行的

品种对比，排在第一名的是湖南文艺出版社，有 6 本图书上榜；并列第二名的是上海文艺出版社和江苏文艺出版社，分别有 4 种图书上榜；排在第三名的有五家出版社，各有 3 种图书上榜，分别是人民文学出版社、作家出版社、长江文艺出版社、新星出版社、浙江文艺出版社；排在第四名的分别有 2 家出版社，各有 2 种上榜，分别是广西师范大学出版社和新世界出版社，排在第五名的有 11 家出版社，各以 1 种上榜。

从这样一个榜单中可以明确发现，在中国当代文学这个最具有世界竞争力的板块中，地方文艺出版社开始异军突起，并以读者群庞大的青春文学作品与人民文学出版社、作家出版社等传统大社进行竞争，同时也开始角逐世界图书市场。特别是湖南文艺

《宝贝》，六六著，长江文艺出版社，2013 年版

出版社在 2013 年拔得头筹，从其上榜的 6 种图书来看，特点明显。这 6 种图书分别是《长相思》（桐华，并列第 11 名）、《谢谢你离开我》（张小娴，并列第 21 名）、《懦者》（梁晓声，并列第 21 名）、《婚久必昏》（晓月，并列第 21 名）、《长相思 2：诉衷情》（桐华，并列第 22 名）、《从你的全

世界路过：让所有人心动的故事》（张嘉佳，并列第 22 名），除了梁晓声
是已成名的纯文学作家外，其余的 5 部作品都是 80 后作家的青春文学作品。

在中国社会的快速发展过程中，形成了极具特色的中国当代文坛。既
有仍然占据主导地位的纯文学，也有类型文学、网络文学、青春文学等新
形态出现。特别是在类型文学方面，科幻、历史演绎、惊悚悬疑类、奇幻
推理等文学作品层出不穷，有些图书销售动辄以百万册计。在专业创作的
文学作者之外，还有一个庞大的业余创作者群体，在互联网这样具有无限
可能的空间里，他们直面读者，尽情发挥着自己的文学天才。中国人口
有 13 亿，中国文学的内容也深入到这 13 亿人口中最为丰富、广泛、幽微
和精细的各个角落，对于一个想要了解中国人及其思维方式的外国读者来
说，中国文学将成为进入这个世界的一把钥匙。此次大量青春文学作品进
入世界图书馆系统，即是世界各国读者借助文学了解丰富多样的当代中国
的开始。

第三，与中国当代文学形成鲜明对比的是，中国出版社在对外汉语教
育、健康养生类图书具有天然优势的领域形成空缺，这提醒中国出版社要
放眼全球进行优势出版领域的拓展与开发，早日形成品牌，决不能拱手放
弃出版阵地。

世界图书市场近些年对于中医健康养生类图书需求很大，一些欧美出
版机构近些年开始加大中医养生书的出版，这些图书在欧美公共图书馆系
统增长最快。如 2013 年出版的一本《中医药治疗史（Chinese medicine

and healing : an illustrated history)》，其收藏图书馆达到 424 家，该书由 T J Hinrichs 和 Linda L Barnes 撰写，前者是康奈尔大学的历史系教授，后者是波士顿大学医学院研究生医疗科学部主任，该书由哈佛出版社旗下的贝尔纳普出版社出版（Belknap Press of Harvard University Press），收藏图书馆大部分是面向欧美普通读者群的公共图书馆。在中国台湾地区，2013 年有 109 种中医图书进入世界图书馆系统，既有知名度较高的五南图书出版公司的《台湾中医发展史》、联经出版公司的《女中医给忙碌上班族的第一本养生书》，还有名不见经传的商州养生馆的《厨房里的中医》等图书。而中医出版资源较为丰富的中国大陆却没有展现出像中国当代文学那样的创造力。以出版大省江苏为例，2013 年仅有 20 种中医图书进入世界图书馆系统。而在 30 家以上图书馆的收藏榜单上，仅有张羽的《只有医生知道！@协和张羽发给天下女人的私信》和杨澜、朱冰的《幸福要回答》两本图书上榜，严格来讲，这两本书都不属于中医养生方面的图书。因此，在中医健康养生理念已经日渐被世界普通民众所广泛接受的时代里，尤其是要抓住欧美一些商业医疗保险公司作为主力推动中医健康养生理念的大好时机，中国出版社千万不可放弃这一宝贵的出版资源。

此外，在汉语学习以及教育领域也是如此。与全世界各地如火如荼的汉语热潮相比，2013 年在 30 家以上图书馆的榜单上，中国大陆 600 家出版社却出现空缺，这实在有些令人遗憾。

2013 年世界图书市场较有影响的一本汉语学习图书是《中文阅读及书写：汉字书写系统的综合指南（Reading and writing Chinese : a comprehensive guide to the Chinese writing system）》，由 William McNaughton 和 Jiageng Fan 撰写，由美国佛蒙特州的拉特兰出版社（Rutland, Vt. : Tuttle）出版，此次是第三版，全世界收藏图书馆达到 83 家。威廉·麦克诺顿（William McNaughton）是著名的汉学家，曾翻译过《诗经》，任教于香港城市大学，写过多部汉语学习著作。这提醒中国大陆的汉语教材出版，必须要放眼世界，在全球范围内寻找汉学家作为不同地区与国别的汉语学习教材、汉语学习读物的作者，才能获得当地的市场。

总之，本项研究还将持续下去，力图在三个方面做出自己的努力：第一是为中国 600 家出版社提供世界图书市场的基本信息与动态；第二是借助严格、挑剔的世界图书馆采集系统，研究中国年度出版图书的世界影响力，关注中国书业的知识生产能力、文化质量问题；第三是通过这个问题的持续关注，呼唤图书出版这个古老行业的精神回归。在出版科技日新月异、图书载体发生翻天覆地变化的时代里，图书出版精神是不变的，敬畏文化价值，激扬文化创造，是知识生产与文化传承的核心。假如一本图书没有任何文化质量，不管包装多么豪华，不管放在炫目的手机里、还是多么便于携带的阅读器里，都会被读者弃之如敝屣。这是图书出版最基本的道理，历史上如此，今天同样如此。

第四章

中国图书的世界影响力研究报告

（2015）

　　截至到 2015 年，基于世界图书馆收藏中文图书的书目数据，对中文图书的世界影响力进行研究和分析，这一项目我们已经进行了四年时间。每一年我们都要将这项研究的理论依据重申一下，即传播学领域，通常用文化标志物在所传播地区的到达率来衡量其传播范围、文化影响力的大小。一个国家、地区的图书馆系统拥有某本书的数量，代表了这本书在这个国家、地区影响力的大小，这种影响力包含了思想价值、学术水平及作者知名度、出版机构品牌等各种因素的认定。这样的理论判断具有两个方面的逻辑前提：

　　一是中文本身即是中华文明的一个标志，汉语言的使用人口、使用频次、地理分布以及以汉语言载体的文化产品种类，本身就是中华文化世界影响力大小的体现。尽管中国大陆出版机构近些年逐步进入世界出版领域，这包含每年的版权输出、资助翻译出版甚至直接出版英语、法语、西班牙语、阿拉伯语等其他民族、国家语言的出版物，但作为中华文化世界影响力的标志，我们仍然以汉语为载体的中文出版物为主，探究以汉语言为载体的中国政治、经济、文化等内容的中文出版物在全球的流通轨迹。世界图书馆系统的中文图书收藏数据，给出了中华文化在当今世界传播与影响的基本地理跨度。因此，我们判定中国中文图书在世界各国图书馆的收藏数据，是中国出版国际影响力的核心指标之一，这在理论上是成立的。

二是世界图书馆系统对于一本图书的选择，具有一个相对严谨的筛选体系，通常按照学科领域进行定期评估，选定一些核心出版社然后进行选购。再加上欧美图书馆系统，近些年图书采购经费一直没有恢复到 2008 年金融危机之前的水平，同时受制于馆藏空间的限制，因此对于中文图书的收藏差不多是精挑细选。因此当今世界图书馆系统中文图书的收藏数据，可以看做是中文出版物所具有的思想价值、学术水平的检验，它是中国大陆出版机构知识生产水平高低的体现。

中国图书的世界影响，理应还包括由中文对外输出的版权、接受中国对外翻译资助所出版的各种外文图书。特别是一些由中国资助，由世界知名出版机构出版的图书影响十分巨大，由于以对象国的语言文字出版，其传播范围的广度要比中文图书的影响更为广泛。但限于数据收集与研究资源占有的局限，目前还没有找到一条切实可行的研究路径，这也是本项研究未来努力的方向。中文图书的世界馆藏影响力，只是中国出版世界影响力研究的一个组成部分。

　　本报告与去年一样，是对中国大陆近 600 家出版社 2014 年全年出版的新品种（含 2014 年再版）的图书所进行的监测和分析，目的有两个：一是发现中文图书的年度出版品种在国际市场上的基本信息反馈，探索图书出版与知识生产、思想创新的规律；二是发现中文图书在世界上最具竞争力的板块，为中国出版社拓展国际市场提供帮助。我们期望这种研究能进一步贴近业界需求，对出版社解渴、管用，而不是为学术研究而研究。

一、2015年研究报告的数据条件

1. 本次报告数据来源：与去年的报告一样，基础数据为 OCLC（Online Computer Library Center）的 WORLDCAT 全世界图书馆联机书目数据，并以日本的 CiNii 数据库的数据，弥补 OCLC 数据偏重欧洲、北美地区的不足。CiNii 包含了日本 1200 所大学图书馆的馆藏联合目录，其数据完全可以说明中文图书在日本的影响力情况。

2. OCLC 的 WORLDCAT 目录库目前覆盖全世界 2 万多家图书馆，书目数据约 3 亿条，近些年还增加了国家图书馆、上海图书馆、杭州图书馆的中文图书目录。由于国家图书馆具有版本库的意义，因此本报告的数据扣除了国内三家图书馆的中文书目数据。

3. 本次检索中文图书的出版时间是 2014 年 1 月至 12 月，中国大陆近 600 家出版社出版的所有中文图书，包括再版图书（不包括港澳台出版社）。

4. 与以往报告一样，出版社名称省略了近十年来新组建的出版集团名称，只有出版集团所属出版社名称。如当数据出现"重庆出版集团、重庆人民出版社"时，只记录为"重庆人民出版社"，省略了"重庆出版集团"。

5. 与 2014 年研究报告一样，本次排名去掉了全球 30 家以上图书馆收藏的数据条件限制，即 2014 年全年出版的图书品种中，只要有一种中文图书进入海外馆藏的出版社即进入排名。这样做的目的是为了更全面地探索中国出版在世界影响力状况的发展实际。

二、中国出版社世界馆藏影响力年度排名

根据上述条件，我们在 2015 年 6 月 25 至 7 月 8 日，通过连续 2 周的数据抓取、检索和整理，发现 2014 年中国大陆共有 521 家出版社出版的 46359 种中文图书进入世界图书馆收藏系统，并做出如下排名。

表 1：中国出版社 2015 年世界馆藏影响力排名

排名	出版社名称	进入全球图书馆品种数量
1	科学出版社	1444
2	中国社会科学出版社	1314
3	社会科学文献出版社	961
4	法律出版社	918
5	北京大学出版社	843
6	人民邮电出版社	683
7	经济科学出版社	664
8	人民出版社	646
9	清华大学出版社	627
10	中国文史出版社	604
11	中华书局	594
12	中国人民大学出版社	573

排名	出版社名称	进入全球图书馆品种数量
13	广西师范大学出版社	514
14	江苏文艺出版社	475
15	上海古籍出版社	455
16	上海人民出版社	440
17	机械工业出版社	422
18	化学工业出版社	402
19	商务印书馆	378
20	电子工业出版社	347
21	长江文艺出版社	323
22	中信出版社	320
23	民族出版社	311
24	文物出版社	307
25（2家）	东方出版社	301
	作家出版社	301
26	中央编译出版社	291
27	浙江大学出版社	286
28	科学技术文献出版社	282
29	上海三联书店	275
30	新疆人民出版社	274
31	九州出版社	259
32	中国法制出版社	257
33	吉林文史出版社	252
34	知识产权出版社	240

排名	出版社名称	进入全球图书馆品种数量
35	中州古籍出版社	238
36	天津人民美术出版社	236
37	华东师范大学出版社	234
38	人民文学出版社	231
39	北京师范大学出版社	225
40	山西人民出版社	221
41	文化艺术出版社	220
42	经济管理出版社	215
43	高等教育出版社	212
44	黄山书社	209
45（2家）	内蒙古人民出版社	205
	中国政法大学出版社	205
46	复旦大学出版社	202
47	湖南文艺出版社	200
48	光明日报出版社	191
49（2家）	天津科学技术出版社	188
	百花洲文艺出版社	188
50	江苏科学技术出版社	182
51	现代出版社	180
52（2家）	安徽美术出版社	179
	吉林科学技术出版社	179
53	上海科学技术文献出版社	176
54	江苏人民出版社	174

排名	出版社名称	进入全球图书馆品种数量
55（2家）	厦门大学出版社	173
	青岛出版社	173
56（2家）	中国经济出版社	171
	中国华侨出版社	171
57	湖北科学技术出版社	166
58	安徽文艺出版社	163
59	人民美术出版社	160
60	南京大学出版社	159
61	人民卫生出版社	157
62	新疆美术摄影出版社	156
63（2家）	北京科学技术出版社	154
	新世界出版社	154
64	二十一世纪出版社	153
65	浙江古籍出版社	152
66（2家）	华中科技大学出版社	150
	江西人民出版社	150
67	中国青年出版社	149
68（2家）	上海文艺出版社	147
	东南大学出版社	147
69	武汉大学出版社	146
70	天津人民出版社	145
71	学苑出版社	144
72（2家）	齐鲁书社	143

排名	出版社名称	进入全球图书馆品种数量
72（2家）	四川大学出版社	143
73	上海科学技术出版社	140
74（2家）	人民军医出版社	138
	方志出版社	138
75	安徽少年儿童出版社	135
76	贵州人民出版社	134
77（3家）	生活·读书·新知三联书店	133
	山东人民出版社	133
	浙江文艺出版社	133
78	新星出版社	132
79（3家）	中国纺织出版社	131
	云南人民出版社	131
	中国农业出版社	131
80（2家）	广东人民出版社	128
	湖南人民出版社	128
81（2家）	宗教文化出版社	127
	译林出版社	127
82	浙江少年儿童出版社	125
83	中国医药科技出版社	124
84	上海社会科学院出版社	123
85（2家）	人民日报出版社	120
	上海人民美术出版社	120
86	浙江人民美术出版社	119

排名	出版社名称	进入全球图书馆品种数量
87	中国水利水电出版社	118
88	湖北人民出版社	116
89	广西人民出版社	115
90（2家）	上海交通大学出版社	114
	河南科学技术出版社	114
91（4家）	北京理工大学出版社	113
	新华出版社	113
	中国林业出版社	113
	北岳文艺出版社	113
92（4家）	上海书店出版社	111
	吉林美术出版社	111
	辽宁美术出版社	111
	辽宁人民出版社	111
93（2家）	当代中国出版社	110
	上海辞书出版社	110
94（2家）	花城出版社	109
	辽宁科学技术出版社	109
95（2家）	北京出版社	108
	世界图书出版公司	108
96	接力出版社	107
97	中国人口出版社	106
98（2家）	花山文艺出版社	105
	江西科学技术出版社	105

排名	出版社名称	进入全球图书馆品种数量
99（4家）	中国铁道出版社	104
	中国轻工业出版社	104
	福建科学技术出版社	104
	河北少年儿童出版社	104
100（2家）	中国建筑工业出版社	101
	吉林大学出版社	101
101（3家）	中国书籍出版社	99
	金城出版社	99
	暨南大学出版社	99
102（2家）	中国言实出版社	98
	湖南科学技术出版社	98
103（3家）	中共党史出版社	97
	漓江出版社	97
	北方文艺出版社	97
104（2家）	华夏出版社	96
	南开大学出版社	96
105	浙江人民出版社	95
106	山东文艺出版社	94
107（3家）	中国科学技术出版社	93
	北京工艺美术出版社	93
	湖北美术出版社	93
108	黑龙江科学技术出版社	90
109	春风文艺出版社	89

排名	出版社名称	进入全球图书馆品种数量
110（2家）	中医古籍出版社	88
	四川科学技术出版社	88
111（3家）	中国金融出版社	85
	团结出版社	85
	浙江科学技术出版社	85
112（2家）	中国中医药出版社	84
	吉林人民出版社	84
113	北京十月文艺出版社	83
114	中国地图出版社	82
115（2家）	中国电力出版社	81
	上海译文出版社	81
116（2家）	南海出版公司	80
	宁夏人民出版社	80
117（5家）	外语教学与研究出版社	79
	中国少年儿童出版社	79
	海豚出版社	79
	中国旅游出版社	79
	甘肃文化出版社	79
118	甘肃人民出版社	78
119（2家）	时代文艺出版社	77
	四川人民出版社	77
120（6家）	中国检察出版社	76
	上海书画出版社	76

排名	出版社名称	进入全球图书馆品种数量
120（6家）	重庆大学出版社	76
	岳麓书社	76
	江苏美术出版社	76
	浙江摄影出版社	76
121	海洋出版社	75
122（2家）	人民法院出版社	74
	广西美术出版社	74
123	金盾出版社	73
124（5家）	国防工业出版社	72
	世界知识出版社	72
	百花文艺出版社	72
	河北美术出版社	72
	河南文艺出版社	72
125（5家）	线装书局	71
	太白文艺出版社	71
	巴蜀书社	71
	西南财经大学出版社	71
	西泠印社	71
126（4家）	气象出版社	70
	人民交通出版社	70
	黑龙江教育出版社	70
	苏州大学出版社	70
127	河北科学技术出版社	68

排名	出版社名称	进入全球图书馆品种数量
128（5家）	安徽教育出版社	67
	河北人民出版社	67
	河南人民出版社	67
	黑龙江美术出版社	67
	北方妇女儿童出版社	67
129（3家）	华中师范大学出版社	66
	陕西科学技术出版社	66
	少年儿童出版社	66
130（3家）	中国电影出版社	65
	经济日报出版社	65
	四川美术出版社	65
131（6家）	中国传媒大学出版社	64
	同济大学出版社	64
	兰州大学出版社	64
	广东科技出版社	64
	广西科学技术出版社	64
	云南美术出版社	64
132（3家）	科学普及出版社	63
	中央民族大学出版社	63
	南京出版社	63
133（4家）	中国统计出版社	62
	学林出版社	62
	上海文化出版社	62

排名	出版社名称	进入全球图书馆品种数量
133（4家）	山西科学技术出版社	62
134（7家）	蓝天出版社	61
	甘肃人民美术出版社	61
	岭南美术出版社	61
	中山大学出版社	61
	湖南美术出版社	61
	西南师范大学出版社	61
	西南交通大学出版社	61
135（3家）	中国人民公安大学出版社	59
	上海大学出版社	59
	安徽大学出版社	59
136	中国民主法制出版社	58
137（3家）	福建美术出版社	57
	山东美术出版社	57
	四川文艺出版社	57
138（4家）	文汇出版社	56
	上海远东出版社	56
	湖北教育出版社	56
	电子科技大学出版社	56
139（3家）	福建教育出版社	55
	海燕出版社	55
	黑龙江人民出版社	55
140	天地出版社	54

排名	出版社名称	进入全球图书馆品种数量
141（4家）	中国财政经济出版社	53
	中国藏学出版社	53
	敦煌文艺出版社	53
	海峡文艺出版社	53
142	中国友谊出版公司	52
143（6家）	群言出版社	51
	中国发展出版社	51
	广东经济出版社	51
	南京师范大学出版社	51
	陕西人民出版社	51
	中国美术学院出版社	51
144（5家）	北京语言大学出版社	50
	中央广播电视大学出版社	50
	江苏少年儿童出版社	50
	明天出版社	50
	西安交通大学出版社	50
145（3家）	五洲传播出版社	49
	北京燕山出版社	49
	中华工商联合出版社	49
146（3家）	首都师范大学出版社	48
	湖北少年儿童出版社	48
	西安出版社	48
147（3家）	安徽人民出版社	47

排名	出版社名称	进入全球图书馆品种数量
147（3家）	山东大学出版社	47
	晨光出版社	47
148（4家）	中国工人出版社	46
	中央文献出版社	46
	内蒙古大学出版社	46
	山东科学技术出版社	46
149（3家）	中国商业出版社	45
	上海财经大学出版社	45
	三秦出版社	45
150（6家）	旅游教育出版社	44
	解放军出版社	44
	中国科学技术大学出版社	44
	福建人民出版社	44
	河南大学出版社	44
	大象出版社	44
151（4家）	同心出版社	43
	湖南大学出版社	43
	辽宁民族出版社	43
	云南大学出版社	43
152（5家）	知识出版社	42
	国际文化出版公司	42
	天津古籍出版社	42
	江西美术出版社	42

排名	出版社名称	进入全球图书馆品种数量
152（5家）	陕西师范大学出版社	42
153（6家）	时事出版社	41
	星球地图出版社	41
	石油工业出版社	41
	山东画报出版社	41
	成都时代出版社（原蜀蓉棋艺出版社）	41
	德宏民族出版社	41
154（6家）	国防大学出版社	40
	中共中央党校出版社	40
	中国国际广播出版社	40
	人民教育出版社	40
	东方出版中心	40
	河北教育出版社	40
155（4家）	安徽科学技术出版社	39
	广东旅游出版社	39
	华南理工大学出版社	39
	江西高校出版社	39
156（5家）	解放军文艺出版社	38
	企业管理出版社	38
	中国社会出版社	38
	海天出版社	38
	新疆青少年出版社	38
157(3家)	军事医学科学出版社	37

排名	出版社名称	进入全球图书馆品种数量
157(3家)	民主与建设出版社	37
	新蕾出版社	37
158（3家）	上海教育出版社	36
	河南美术出版社	36
	陕西人民美术出版社	36
159（4家）	华文出版社	35
	海南出版社	35
	东北财经大学出版社	35
	云南民族出版社	35
160（5家）	北京美术摄影出版社	34
	东北师范大学出版社	34
	东北大学出版社	34
	辽宁少年儿童出版社	34
	西藏人民出版社	34
161	中原农民出版社	32
162（5家）	中国农业大学出版社	31
162（5家）	外文出版社	31
	中国广播电视出版社	31
	中国大百科全书出版社	31
	南方日报出版社	31
163（3家）	甘肃民族出版社	30
	青海人民出版社	30
	四川民族出版社	30

排名	出版社名称	进入全球图书馆品种数量
164（7家）	新时代出版社	29
	地震出版社	29
	北京工业大学出版社	29
	中国宇航出版社	29
	广东高等教育出版社	29
	内蒙古科学技术出版社	29
	西北大学出版社	29
165（3家）	语文出版社	28
	河北大学出版社	28
	宁波出版社	28
166（5家）	中国妇女出版社	27
	首都经济贸易大学出版社	27
	对外经济贸易大学出版社	27
	古吴轩出版社	27
	东立出版社	27
167（6家）	中国标准出版社	26
	群众出版社	26
	上海科学普及出版社	26
	天津大学出版社	26
	西藏藏文古籍出版社	26
	杭州出版社	26
168（3家）	连环画出版社	25
	冶金工业出版社	25

排名	出版社名称	进入全球图书馆品种数量
168（3家）	青海民族出版社	25
169（8家）	军事科学出版社	24
	学习出版社	24
	中国时代经济出版社	24
	东华大学（中国纺织大学）出版社	24
	天津社会科学院出版社	24
	广西民族出版社	24
	贵州民族出版社	24
	中国矿业大学出版社	24
170（6家）	北京邮电大学出版社	23
	红旗出版社	23
	福建少年儿童出版社	23
	湖南师范大学出版社	23
	大连出版社	23
	黄河出版社	23
171（3家）	北京教育出版社	22
	天津杨柳青画社	22
	延边大学出版社	22
172（6家）	地质出版社	21
	煤炭工业出版社	21
	中国和平出版社	21
	上海音乐出版社	21
	远方出版社	21

排名	出版社名称	进入全球图书馆品种数量
172（6家）	济南出版社	21
173（4家）	当代世界出版社	20
	中国画报出版社	20
	甘肃科学技术出版社	20
	湖南少年儿童出版社	20
174（8家）	测绘出版社	19
	华东理工大学出版社	19
	广州出版社	19
	郑州大学出版社	19
	长春出版社	19
	辽海出版社	19
	内蒙古文化出版社	19
	山西教育出版社	19
175（4家）	台海出版社	18
	人民体育出版社	18
	黄河水利出版社	18
	山西经济出版社	18
176（6家）	人民音乐出版社	17
	中国民族摄影艺术出版社	17
	中国劳动社会保障出版社	17
	甘肃少年儿童出版社	17
	贵州教育出版社	17
	中南大学出版社	17

排名	出版社名称	进入全球图书馆品种数量
177（7家）	北京体育大学出版社	16
	中国摄影出版社	16
	中国盲文出版社	16
	广东教育出版社	16
	鹭江出版社	16
	山东教育出版社	16
	四川少年儿童出版社	16
178（8家）	中国戏剧出版社	15
	航空工业出版社	15
	中国书店出版社	15
	天津教育出版社	15
	中国地质大学出版社	15
	中国海洋大学出版社	15
	书海出版社	15
	浙江教育出版社	15
179（9家）	国家行政学院出版社	14
	华龄出版社	14
	立信会计出版社	14
	新世纪出版社	14
	哈尔滨工业大学出版社	14
	武汉理工大学出版社	14
	延边人民出版社	14
	西北工业大学出版社	14

排名	出版社名称	进入全球图书馆品种数量
179（9家）	云南教育出版社	14
180（6家）	中国城市出版社	13
	华语教学出版社	13
	紫禁城出版社	13
	江西教育出版社	13
	大连理工大学出版社	13
	辽宁教育出版社	13
181（6家）	中国石化出版社	12
	文津出版社	12
	哈尔滨出版社	12
	湖北辞书出版社（崇文书局）	12
	沈阳出版社	12
	未来出版社	12
182（4家）	中国方正出版社	11
	中国协和医科大学出版社	11
	上海科技教育出版社	11
	西安电子科技大学出版社	11
183（5家）	北京航空航天大学出版社	10
	龙门书局	10
	东北林业大学出版社	10
	河海大学出版社	10
	辽宁大学出版社	10
184（7家）	原子能出版社	9

排名	出版社名称	进入全球图书馆品种数量
184（7家）	大众文艺出版社	9
	北京少年儿童出版社	9
	南方出版社	9
	内蒙古教育出版社	9
	宁夏人民教育出版社	9
	山东省地图出版社	9
185	黑龙江少年儿童出版社	8
186（10家）	昆仑出版社	7
	印刷工业出版社	7
	西苑出版社	7
	海潮出版社	7
	中国人事出版社	7
	中国税务出版社	7
	上海世界图书出版公司	7
	甘肃教育出版社	7
	白山出版社	7
	成都地图出版社	7
187（8家）	开明出版社	6
	北京大学医学出版社	6
	中国物资出版社	6
	华艺出版社	6
	中国建材工业出版社	6
	羊城晚报出版社	6

排名	出版社名称	进入全球图书馆品种数量
187（8家）	陕西人民教育出版社	6
	伊犁人民出版社	6
188（8家）	中国文联出版公司	5
	荣宝斋出版社	5
	汕头大学出版社	5
	湖南地图出版社	5
	国防科技大学出版社	5
	江苏教育出版社	5
	大连海事大学出版社	5
	山东友谊出版社	5
189（10家）	中国大地出版社	4
	长城出版社	4
	百家出版社	4
	第二军医大学出版社	4
	广西教育出版社	4
	海风出版社	4
	哈尔滨工程大学出版社	4
	哈尔滨地图出版社	4
	吉林摄影出版社	4
	辽宁师范大学出版社	4
190（8家）	党建读物出版社	3
	中国环境科学出版社	3
	农村读物出版社	3

排名	出版社名称	进入全球图书馆品种数量
190（8家）	福建省地图出版社	3
	内蒙古少年儿童出版社	3
	石油大学出版社	3
	四川教育出版社	3
	新疆大学出版社	3
191（14家）	兵器工业出版社	2
	中国民航出版社	2
	中国计划出版社	2
	中国对外翻译出版公司	2
	上海外语教育出版社	2
	黑龙江朝鲜民族出版社	2
	湖南教育出版社	2
	吉林教育出版社	2
	延边教育出版社	2
	希望出版社	2
	陕西旅游出版社	2
	四川辞书出版社	2
	克孜勒苏柯尔克孜文出版社	2
	喀什维吾尔文出版社	2
192（6家）	朝华出版社	1
	中国工商出版社	1
	中国致公出版社	1
	长征出版社	1

排名	出版社名称	进入全球图书馆品种数量
192（6家）	广东省地图出版社	1
	泰山出版社	1

表1的统计数据展现出了2014中国大陆近600家出版社知识生产的一个基本发展面貌。从表1的出版社排名数据，可以做如下分析和判断：

第一，中国大陆出版机构的知识生产水平在普遍提高，特别是一些出版大社、强社增长明显，中国大陆出版机构的国际影响力初步形成。

这主要表现在三个方面：

一是进入全球图书馆系统的总品种达到了46359种，比2013年的37640种净增加了8719种，总品种增长比例接近20%。出版社比2013年的516家多了5家，达到521家。中国大陆出版机构的知识生产水平在逐年提高。

这个结论还可以从今年前10名的出版社品种数量中得到体现。在去年、今年前10名出版机构的对比中，与去年相比，除3家出版社有所下降之外，其余出版社进入世界图书馆系统的品种都有大幅增长。如科学出版社，比去年的904种净增加了540种，以1444种排名第一，增长率达到60%；中国社会科学出版社去年排名第一，今年排名虽然变成第二位，但品种比去年的1078种净增加了236种，达到1314种，增长率为22%；

去年排名第二位的社会科学文献出版社，也比去年的940种净增加了21种，达到961种，今年排名第三位；法律出版社由去年的503种净增加了315种，达到918种，今年排名第四，增长率为63%；北京大学出版社由去年的687种净增加了157种，增长率为23%，达到843种，今年排名第五位；人民邮电出版社由去年的523种净增加了160种，今年以683种排名第六，增长率为31%；中华书局由去年的519种增加到594种，由于增幅较小，今年跌出前10名，排名第11位。

今年新进入前10名的出版社分别是经济科学出版社和中国文史出版社。经济科学出版社由去年的323种净增加了341种，总数达到了664种，由去年的第20名进入前六名，增长率为105%；中国文史出版社由去年的267种净增加了337种，总数达到了604种，增长率为126%，由去年的50名进入前10名，今年排名第八。

两年出版社前10名的升降情况具体详见下表2：

表2：2013、2014年前10名出版社品种、排名升降情况对比

出版社名称	2013年品种	2014年品种	上升	下降
科学出版社	904	1444	↑	
中国社会科学出版社	1078	1314	↑	
社会科学文献出版社	940	961	↑	
法律出版社	503	918	↑	
北京大学出版社	687	843	↑	
人民邮电出版社	523	683	↑	

出版社名称	2013 年品种	2014 年品种	上升	下降
经济科学出版社	323	664	↑	
人民出版社	700	646		↓
清华大学出版社	798	627		↓
中国文史出版社	267	604	↑	
中华书局	519	594	↑	
电子工业出版社	483	347		↓

由上表 2 可以发现，去年前 10 名出版社进入世界图书馆系统的总品种数量为 7135 种，今年的前 10 名出版社进入世界图书馆系统的总品种数量为 8704 种，净增长了 1569 种，增长比例为 22%。这个结论再次验证了中国出版社的知识生产水平在逐年增长，增长比例在 20% 左右是有数据支持的。

今年新进入整个排行榜的有 6 家出版社，分别是吉林教育出版社、延边教育出版社、克孜勒苏柯尔克孜文出版社、喀什维吾尔文出版社，分别有 2 个品种进入全球图书馆收藏系统，广东省地图出版社、泰山出版社分别有 1 个品种进入全球图书馆收藏系统。这 6 家均为边疆与地方专业出版社，显示了边疆与地方专业出版社的品种质量在逐步向好。

第二，海外公共图书馆的需求旺盛，是今年进入全球图书馆收藏系统品种大幅增长的主要原因。公共图书馆成为继大学图书馆、学术型的东亚图书馆长期购买中文图书的最大机构用户之后的另外一个增长极。

　　这个判断从今年世界影响最大的 30 种中文图书，海外收藏图书馆类型分析中得到验证。根据美国 2014 年发布的 2011 财政年度报告数据显示（Public Libraries in the United States Survey, FISCAL YEAR 2011），美国 2011 年有 12.3 万家公共图书馆和 3.5 万家博物馆。这些坐落在美国普通民众身边的公共图书馆，近些年受大量华人进入移民社区的影响，不断增加对于中文图书的选购预算，使大陆出版的中文图书新品种大幅增加。详见表 3。

表 3：2014 年世界影响力最大的中文图书 TOP30

排名	出版社名称	书名	作者、译者	类别	全球图书馆收藏数量	其中公共图书馆数量
1	人民文学出版社	妈阁是座城	严歌苓	文学	71	53
2	人民文学出版社	老生	贾平凹	文学	62	41
3	漓江出版社	飘窗	刘心武	文学	57	51
4（2种）	人民文学出版社	洗澡之后	杨绛	文学	53	42
	四川文艺出版社	瞻对：终于融化的铁疙瘩，一个两百年的康巴传奇	阿来	文学	53	32
5	作家出版社	陆犯焉识	严歌苓	文学	51	37
6	湖南文艺出版社	我这辈子有过你	张小娴	文学	50	48
7	北京十月文艺文艺出版社	耶路撒冷	徐则臣	文学	48	29

排名	出版社名称	书名	作者、译者	类别	全球图书馆收藏数量	其中公共图书馆数量
8（3种）	天津人民出版社	老师好美	严歌苓	文学	46	43
	百花洲文艺出版社	纸牌屋	迈克尔·道布斯著，何雨珈译	文学	46	43
	湖南文艺出版社	半暖时光	桐华	文学	46	44
9	百花洲文艺出版社	应许之日	辛夷坞	文学	42	41
10（2种）	作家出版社	无尽藏	庞贝	文学	41	24
	江苏文艺出版社	驰向黑夜的女人	叶兆言	文学	41	33
11（2种）	中信出版社	说不尽的外交	李肇星	历史、地理	40	28
	湖南文艺出版社	乖，摸摸头	大冰	文学	40	40
12（2种）	作家出版社	阵痛	张翎	文学	39	29
	作家出版社	偷窥一百二十天	蔡骏	文学	39	26
13	上海文艺出版社	蟠虺	刘醒龙	文学	38	29
14（4种）	广西师范大学出版社	大唐李白：少年游	张大春	文学	37	23
	湖南人民出版社	让我留在你身边	张嘉佳，梅茜	文学	37	34
	人民文学出版社	野狐狸	雪漠	文学	37	30
	天津人民出版社	女王乔安	张晓晗	文学	37	36

排名	出版社名称	书名	作者、译者	类别	全球图书馆收藏数量	其中公共图书馆数量
15	湖南文艺出版社	爱历元年	王跃文	文学	35	32
16	新星出版社	百年好合：民国素人志	蒋晓云	文学	34	21
17（2种）	中国青年出版社	中老年人学iPad一看就会（全彩畅销大字图解版）	汪薇	文化、科学、教育、体育	32	32
	东方出版中心	1966年	王小妮	文学	32	13
18	湖南文艺出版社	爸爸去哪儿	湖南卫视《爸爸去哪儿》节目组	文学	31	31
19（2种）	作家出版社	油画	王晓方	文学	30	25
	中国言实出版社	京西胭脂铺	黄晓阳，冷海	文学	30	29

上表3的数据给出了2014年馆藏数量最大的前30种中文图书的书名、出版社、内容分类、世界收藏图书馆数量以及其中的公共图书馆数量。30种图书中仅有两种是非文学类图书，一种是历史、地理类，为中信出版社的《说不尽的外交》，由于作者是前外交部长李肇星，真实地记录了李肇星与各国政要的私人交往、应对各种外交问题的经验，并首次披露美国炸馆事件、"9·11"恐怖袭击、中美汇率博弈等重大外交事件背后的内幕，堪称是一部波澜起伏的中国当代外交风云录，全球收藏图书馆为40家，其中公共图书馆为28家。另一种是文化、科学、教育、体育类，为中国

青年出版社的《中老年人学 iPad 一看就会（全彩畅销大字图解版）》，作者为汪薇，全球收藏图书馆数量为 32 家，全部是海外公共图书馆。

在 30 种影响最大图书的海外图书馆类型分类中，特别是公共图书馆数据十分令人振奋。30 种图书的公共图书馆合计数量为 1019 家，占整个 30 种图书海外收藏图书馆总数 1275 家的 80%。这表明世界公共图书馆系统已经成为选购中国中文图书的最大机构用户，以往世界大学图书馆、东亚图书馆等学术型图书馆长期以来是选购、收藏中文图书的最大机构群体的这一市场特征正在发生改变。

公共图书馆数量日益超过学术型、研究性图书馆的特征，主要以文学类图书表现得最为明显。这可以从上表中文学类图书的收藏图书馆类型上可以看出。仅以前 10 名的数据为例，排名第一的是人民文学出版社的《妈阁是座城》，公共图书馆数量占总图书馆家数的 73%。排名第二的也是该社的《老生》（作者为贾平凹），公共图书馆数量占总量的 66%。排名第三的是漓江出版社《飘窗》

《妈阁是座城》，严歌苓著，人民文学出版社，2014 年版

（作者为刘心武），公共图书馆数量占总量的 90%。排名第四的有两种，一种是人民文学出版社的《洗澡之后》（作者为杨绛），公共图书馆数量占总量的 79%；另一种是四川文艺出版社的《瞻对：终于融化的铁疙瘩，一个两百年的康巴传奇》（作者为阿来），公共图书馆数量占总量的 60%。排名第五的是作家出版社的《陆犯焉识》（作者为严歌苓），公共图书馆数量占总量的 73%。排名第六的是湖南文艺出版社的《我这辈子有过你》（作者为青春文学作家张小娴），公共图书馆数量占总量的 96%。排名第七的是北京十月文艺文艺出版社的《耶路撒冷》（作者为徐则臣），公共图书馆数量占总量的 60%。排名第八的有 3 种，一种是天津人民出版社《老师好美》（作者为严歌苓），公共图书馆数量占 93%；另一种是百花洲文艺出版社的美剧中文翻译版《纸牌屋》，公共图书馆数量为 43 家，占总数的 93%；再一种是湖南文艺出版社的《半暖时光》（作者为桐花），公共图书馆数量为 44 家，占总数的 96%。排名第九的是百花洲文艺出版社的《应许之日》（作者为辛夷坞），公共图书馆数量为 41 家，占总数的 97%。排名第十的有两种，一种是作家出版社《无尽藏》（作者为庞贝），公共图书馆数量为 24 家，占总数的 58%；另一种是江苏文艺出版社《驰向黑夜的女人》（作者为叶兆言），公共图书馆数量为 33 家，占总数的 75%。在上述排名在前 10 位的 14 种图书中，公共图书馆的比例最低的为 58%，最高的达到 97%。可见公共图书馆对于中国文学图书的需求潜力之大。这个数据再次验证本项研究此前所得出的判断，中国当代文学已经成为中国出版进军世界图书市场一个最有竞争力的版块，并且日益成为世界各国普通民众了解中国、认知中国的一个窗口。

为了更为清楚地说明这种市场特征的变化状况，本报告特别给出了公共图书馆占比较高（达到96%）、在 2014 年世界影响力排名第三的《飘窗》一书，其 58 家海外图书馆的国家分布以及图书馆具体名称，从而更为清楚地理解中国当代文学图书在海外影响的拓展范围。

《飘窗》，刘心武著，漓江出版社，2014 年版

表 4：漓江出版社的《飘窗》的 57 家海外图书馆名单

图书馆所在国家、数量	收藏《飘窗》一书的海外图书馆名称
澳大利亚 （18 家，全部为公共型图书馆）	奥本市社区图书馆 （AUBURN COUN - AUBURN LIBR）
	博塔湾中心图书馆 （BOTANY BAY CENTRAL LIBR,EASTGARDENS）
	布林班克镇信息服务图书馆 （BRIMBANK LIBR & INFO SERV）
	布里斯班市社区服务中心图书馆 （BRISBANE CITY COUN LIBR SERV）
	坎贝尔敦市议会公共图书馆 （CAMPBELLTOWN CITY COUNCIL）

图书馆所在国家、数量	收藏《飘窗》一书的海外图书馆名称
澳大利亚 （18家，全部为公共型图书馆）	坎特伯雷市议会公共图书馆 （CANTERBURY CITY COUNCIL LIBR）
	墨尔本坎伯韦尔 BOROONDARA 市信息服务图书馆 （CITY OF BOROONDARA LIBR SERV）
	悉尼加拿大湾城市信息服务图书馆 （CITY OF CANADA BAY LIBR SVC）
	墨尔本戴瑞滨城区图书馆 （DAREBIN LIBRARIES: PRESTON）
	霍尔以德市议会图书馆 （HOLROYD CITY COUNCIL LIBR）
	赫斯特区议会图书馆 （HURSTVILLE CITY COUNCIL）
	利维市信息服务图书馆 （LIVING CITY SVC）
	马瑞维柯区议会信息服务图书馆 （MARRICKVILLE COUNCIL LIBR SVC）
	墨尔本市信息服务图书馆 （MELBOURNE LIBR SVC）
	莱德市议会图书馆 （RYDE CITY COUNCIL）
	西澳大利亚公立图书馆 （STATE LIBR OF W AUSTRALIA）
	萨瑟兰郡图书馆 （SUTHERLAND SHIRE LIBR）
	亚拉贝体区信息服务图书馆 （YARRA PLENTY REG LIBR SERV）
加拿大 （2家, 均为公共图书馆）	埃德蒙顿市公共图书馆 （EDMONTON PUB LIBR）
	温哥华公共图书馆 （VANCOUVER PUB LIBR）

图书馆所在国家、数量	收藏《飘窗》一书的海外图书馆名称
中国香港 （1家，为大学图书馆）	香港中文大学图书馆 （CHINESE UNIV OF HONG KONG）
新西兰 （1家，公共图书馆）	惠灵顿市图书馆 （WELLINGTON CITY LIBR）
美国 （33家，其中3家为大学图书馆，其余30家均为公共图书馆）	阿拉巴马州伯明翰杰斐逊公共图书馆 （BIRMINGHAM-JEFFERSON PUB LIBR）
	加利福尼亚阿拉米达县立图书馆 （ALAMEDA CNTY LIBR）
	加利福尼亚圣马力诺市公鸡镇公共图书馆 （CROWELL PUB LIBR CITY OF SAN MARINO）
	加利福尼亚洛杉矶市公共图书馆 （LOS ANGELES PUB LIBR）
	加利福尼亚桔子镇公共图书馆 （OC PUBLIC LIBRARIES）
	加利福尼亚帕罗安托市图书馆 （PALO ALTO CITY LIBR）
	加利福尼亚旧金山公共图书馆 （SAN FRANCISCO PUB LIBR）
	加利福尼亚圣荷西公共图书馆 （SAN JOSE PUB LIBR）
	加利福尼亚太阳谷公共图书馆 （SUNNYVALE PUB LIBR）
	哥伦比亚特区公共图书馆 （DISTRICT OF COLUMBIA PUB LIBR）
	美国国会图书馆 （LIBRARY OF CONGRESS）
	乔治亚州科布县图书馆 （COBB CNTY LIBR SYST）
	艾奥瓦州艾奥瓦市公共图书馆 （IOWA CITY PUB LIBR）

图书馆所在国家、数量	收藏《飘窗》一书的海外图书馆名称
美国 （33家，其中3家为大学图书馆，其余30家均为公共图书馆）	伊利诺伊库克市公共图书馆 （COOK MEM PUB LIBR DIST）
	伊利诺伊艾拉公共图书馆 （ELA AREA PUB LIBR DIST）
	伊利诺伊绍姆堡镇公共图书馆 （SCHAUMBURG TOWNSHIP DIST LIBR）
	伊利诺伊埃文斯通市公共图书馆 （EVANSTON PUB LIBR）
	马萨诸塞州民兵图书馆 （MINUTEMAN LIBR NETWORK）
	马里兰州乔治王子镇图书馆 （PRINCE GEORGE'S CNTY MEM LIBR SYST）
	明尼苏达州罗彻斯特市公共图书馆 （ROCHESTER PUB LIBR）
	北卡罗莱纳州教会山大学图书馆 （UNIV OF N CAROLINA, CHAPEL HILL）
	新泽西州默瑟县公共图书馆 （MERCER CNTY LIBR）
	纽约布鲁克林区公共图书馆 （BROOKLYN PUB LIBR）
	纽约哥伦比亚大学图书馆 （COLUMBIA UNIV）
	纽约公共图书馆 （NEW YORK PUB LIBR）
	纽约皇后区公共图书馆 （QUEENS BOROUGH PUB LIBR）
	俄勒冈州华盛顿县库伯公共图书馆 （WASHINGTON CNTY COOP LIBR）
	匹兹堡大学图书馆 （UNIV OF PITTSBURGH）

图书馆所在国家、数量	收藏《飘窗》一书的海外图书馆名称
美国 （33 家，其中 3 家为大学图书馆，其余 30 家均为公共图书馆）	德克萨斯州本德堡镇图书馆 （FORT BEND CNTY LIBR）
	德克萨斯州休斯顿公共图书馆 （HOUSTON PUB LIBR）
	德克萨斯州普莱诺市公共图书馆 （PLANO PUB LIBR SYST）
美国 （33 家，其中 3 家为大学图书馆，其余 30 家均为公共图书馆）	华盛顿州国王县公共图书馆 （KING CNTY LIBR SYST）
	华盛顿州西雅图县公共图书馆 （SEATTLE PUB LIBR）
日本 （2 家，大学与公共图书馆各 1 家）	东京都立中央图书馆
	日本大学文理学部图书馆

由上表 4 的图书馆名单可以发现，在 57 家海外图书馆名单中，只有 5 家为大学、研究型图书馆，其余 52 家为面向当地社区居民服务的公共图书馆。而这些公共图书馆所以能够选购漓江出版社 2014 年出版的《飘窗》一书，除了作者刘心武本人是中国知名的主流作家之外，近些年大量中国海外移民阅读需求起到了主要的推动作用。以澳大利亚为例，其 18 图书馆家均为公共图书馆，这些图书馆差不多都是华人集中的地区，有些甚至是新近形成的华人社区。如澳大利亚博塔湾区中心图书馆就是如此。博塔湾区是一个位于澳大利亚东南部新南威尔士州东海岸的海滨城市，在悉尼港的南面，距离悉尼市有 15 公里，以海滨风光优美著称，近些年不仅吸引大批中国游客前往观光游览，还有大量中国移民在此处购买房产，成为

博塔湾镇的社区居民。以服务于该社区居民为第一职责的图书馆，自然会为了满足当地居民的需要，不断选购新出版的中文图书。2014 年刘心武的新作《飘窗》能够进入博塔湾区中心图书馆，基本可以确定的是华人移民的阅读需求起到了主要作用。此外，如澳大利亚的布里斯班市图书馆、墨尔本戴瑞滨城区图书馆、悉尼加拿大湾城市信息服务图书馆等都与博塔湾区图书馆的情况类似。

　　刘心武的《飘窗》一书在美国有 33 家图书馆收藏，除了美国国会图书馆、哥伦比亚大学图书馆、匹兹堡大学图书馆三家之外，其余 30 家均为各个县、镇所设立的公共图书馆。除了纽约皇后图书馆、旧金山公共图书馆等属于传统中国人集中的华裔社区之外，还有如近些年新形成的华人集中生活区。如达拉斯北部的普莱诺，由于周边具有很多一流的小学、中学，学区评分都在 8 分以上，因此新一代中国移民纷纷在此扎堆买房，今天已经成为一个典型的华人社区，位列美国第六大华人城市。大量的华人移民生活在普莱诺市，作为著名作家刘心武的《飘窗》进入普莱诺镇图书馆，应该不

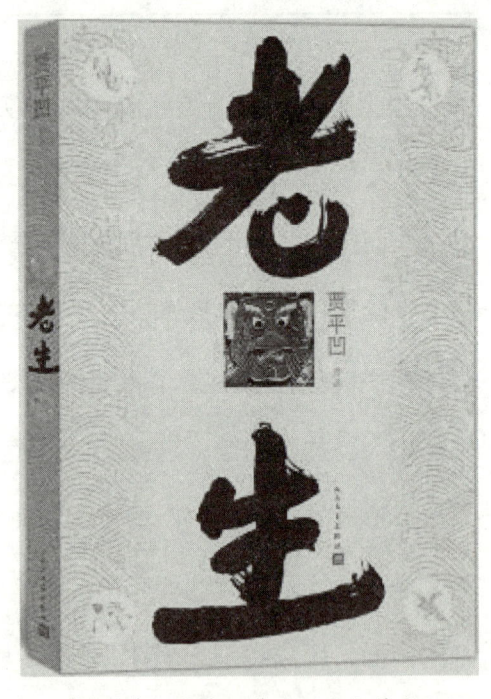

《老生》，贾平凹著，人民文学出版社，2014 年版

难理解。

总之，大量中国文学图书进入美国公共图书馆系统，中国海外移民的阅读需求起到了直接的推动作用，由此带动中国当代文学图书在美国的影响范围日益扩大和深入。美国的公共图书馆、社区图书馆遍及全美各地，高度发达的公共图书馆系统是美国社会的一个鲜明特征。70%的美国人拥有公共图书馆的读者证，比持Visa卡的人数还要多。如何将更多的中文图书，与欧美社会发达、成熟、完善的公共图书馆系统进行有效衔接，并进入这个庞大市场，是未来中国出版机构、图书进出口机构必须尽快解决的第一要务，也是中国图书走向世界的难得契机。

在出版世界影响力最大的30种图书的出版社中，作家出版社、湖南文艺出版社最多，分别有5种，人民文学出版社有4种上榜，天津人民出版社、百花洲文艺出版分别有2种上榜，江苏文艺出版社、上海文艺出版社、四川文艺出版社等12家出版社分别有1种上榜，显示了中国主流文学出版机构在世界图书馆系统所具有的品牌影响力。具体详见下图1。

图 1：出版世界影响最大中文图书的出版社对比图

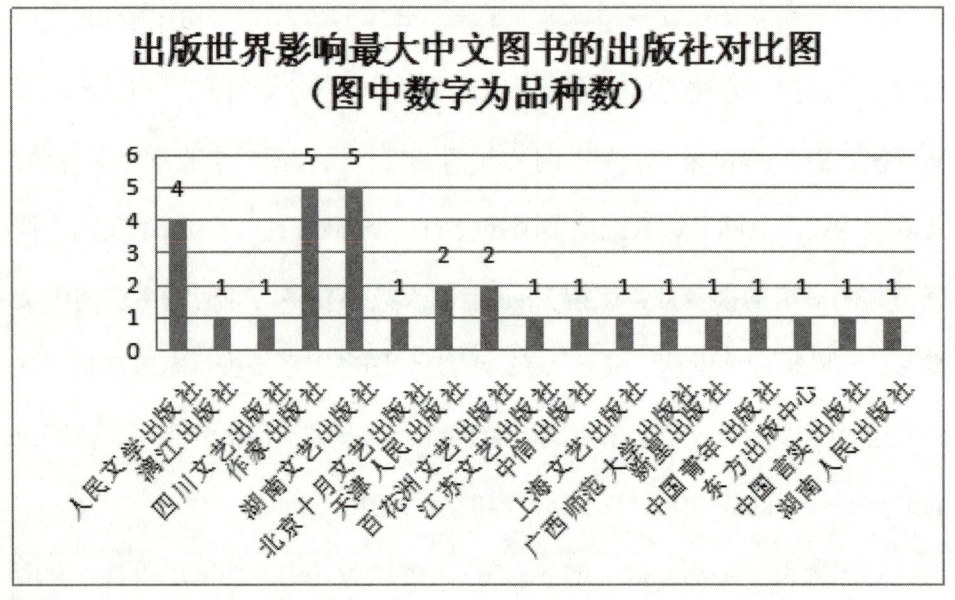

总之，随着中国综合实力的日益增强，中国出版已经从过去面向国内市场，逐步进入世界出版领域。在这样的一个时代背景下，本项研究就显得十分重要。今后将继续在如下两个方面做出自己的努力：第一是坚持通过全球图书馆馆藏这个角度，为中国近 600 家出版社提供每年新品图书的基本市场反馈与信息动态；第二是借助严格、精准的世界图书馆采集系统，监测中文图书的世界馆藏影响力，特别是关注中国出版机构的知识生产能力、学术创新水平的发展状况，并及时提出针对性的建议。

第五章

中国文学图书的世界影响

（2010-2011）[1]

2012年10月莫言获得了诺贝尔文学奖，这是一个重要的标志性事件，它代表着近百年来中国文学走向世界的努力得以实现，并开启了一个崭新的时代。在这样一个关键的时刻，有必要对于中国文学此前的历程给予回顾和总结，从而增强对下一个高峰攀登的信心和力量。正如李白诗云"却顾所来径，苍苍横翠微"，回首的目光也不必太远，新世纪10年足够，因为2000-2011年间，中国文学界所发生的一切仍然历历在目，因此这种总结更具有现实性和指导性。

---

[1] 本文刊发在2013年1期《中国图书评论》上，刊发题目为"中国文学的世界影响——新世纪回眸之一"。

一、影响最大的中文作品

所谓世界影响，一个核心指标就是中国文学在海外的传播情况，而分析这种影响的一个客观依据，就是中国出版的文学图书在全世界图书馆系统的收藏数据。这是一个客观的可以稽核的数据。图书馆的馆藏对于一本图书的文化影响、思想价值的衡量是严格的，也是检验出版机构知名度、知识生产能力等诸项要素最好的一个标尺。世界图书馆界通常采用某一学科划定若干个核心出版社的评价办法来采购图书，这个办法也被中国图书馆界所广泛采用。同时，欧美社会的图书馆系统高度发达，一本中文作品能够进入欧美图书馆系统，就等于进入了西方社会。以美国为例，其公共图书馆、社区图书馆系统遍及全美每个社区，这是美国社会高度发达的一个鲜明特征。有学者统计，截至到 2011 年在美国 122,101 所各类型图书馆中，公共图书馆达到 9,221 所，约每 18,400 人就拥有 1 所图书馆。68% 的美国人拥有公共图书馆的读者证，比持 Visa 卡的人数还多。美国公共图书馆每年接待约 15 亿人次到馆访问，人均年到馆 5.1 次，馆藏年总流通量 227,754.9 万册（件），人均年借阅馆藏 7.7 册（件）（徐大平，"美国公共图书馆发展现状及启示"，《图书馆建设》，2011 年 11 期）。因此用中文图书的全球图书馆收藏数据来衡量中国文学的世界影响力，是一个经得起推敲的评估标准。

目前能够提供全球图书馆收藏数据的 OCLC（Online Computer Library Center, Inc 联机计算机图书馆中心），即联机计算机图书馆中心，属于覆盖范围相对较大的公益性组织之一，总部设在美国的俄亥俄州，成立于 1967 年。截至 2011 年底，加盟图书馆数量已达到 23815 家（公共图书馆 5051 家、大学图书馆 4833 家、中小学校图书馆 8897 家、各类政府图书馆 1604 家、职业学院、社区学院图书馆 1074 家、企业图书馆 1296 家、协会机构图书馆 661 家，其他图书馆 297 家），涉及全世界 112 个国家和地区，470 多种语言。从图书馆国家分布来看，OCLC 的数据还不能做到 100% 全球覆盖，但它是全球最大的书目数据库，可以基本衡量出中国文学在当今世界的影响范围。

本文数据检索的设定标准如下：

1. 截至 2011 年底，WORLDCAT(OCLC 公司的在线编目联合目录）的书目数据来源为全世界 23815 家图书馆，按照千分之一稍强（大约为 1.25‰）的比例，设定全球图书馆 30 家为中国出版社排名依据。即凡是一个中国出版社所出版的中文文学图书，图书馆收藏数量超过了 30 家（含 30 家）以上的，即进入排名，以进入品种的多少排名。品种不足 30 家的图书的出版社则不在此列。

2. 中国文学图书的出版时间设定在 2000 年至 2011 年间，这样一个时间跨度更具有现实性。

3. 本文分析的是中国大陆出版的中文版文学图书，中国出版社出版的外文版、非中国大陆出版的外文版文学图书拟单独行文研究。这样区别的意义在于，能够更好地厘清中国文学的世界影响中的出版社因素，同时还能够发现中文与其他语言在世界文坛上的排名。

依据上述检索标准，本文检索出中国文学图书被世界 30 家以上图书馆收藏的总品种为 419 种，限于篇幅，本文只给出前 30 名，列表如下：

表1：世界图书馆收藏中国文学图书数量 TOP30

排名	书名	作者	出版社	出版时间	收藏图书馆数量
1	狼图腾	姜戎	长江文艺出版社	2004 年	150
2	兄弟	余华	上海文艺出版社	2005/2006 年	143
3	秦腔	贾平凹	作家出版社	2005 年	129
4	高兴	贾平凹	作家出版社	2007 年	120
5	中国式离婚	王海鸰	北京出版社	2004 年	119
6	藏獒	杨志军	人民文学出版社	2005 年	116
7	鲁迅小说选	鲁迅著；杨宪益选编	外文出版社	2000 年	114
8	山楂树之恋	艾米	江苏文艺出版社	2007 年	112
9	借我一生：记忆文学	余秋雨	作家出版社	2004 年	108
10	1988：我想和这个世界谈谈	韩寒	国际文化出版公司	2010 年	106
11	小姨多鹤	严歌苓	作家出版社	2008 年	102
12	遍地枭雄	王安忆	文汇出版社、上海文艺出版社	2005 年	100

排名	书名	作者	出版社	出版时间	收藏图书馆数量
13	雷雨	曹禺著；王佐良选编	外文出版社	2001 年	98
	笨花	铁凝	人民文学出版社	2006 年	98
14	三国演义	罗贯中	湖南人民出版社、外文出版社	2000 年	97
15	和我们的女儿谈话	王朔	人民文学出版社	2008 年	96
	莲花	安妮宝贝	作家出版社	2006 年	96
16	启蒙时代	王安忆	人民文学出版社	2007 年	94
	如焉	胡发云	中国国际广播出版社	2006 年	94
17	空山：机村传说	阿来	人民文学出版社	2005 年	92
18	我叫刘跃进	刘震云	长江文艺出版社	2007 年	91
19	蛙	莫言	上海文艺出版社	2009 年	89
20	刺猬歌	张炜	人民文学出版社	2007 年	87
	金婚	王宛平	作家出版社	2007 年	87
21	憩园	巴金	外文出版社	2001 年	86
	手机	刘震云	长江文艺出版社	2003 年	86
22	新闻界	朱华祥	中国广播电视出版社	2006 年	85
23	乐府	杨宪益选编	外文出版社	2001 年	81
24	林家铺子春蚕	茅盾著；杨宪益选编	外文出版社	2001 年	80
	茶馆	老舍 霍华	外文出版社	2001 年	80

排名	书名	作者	出版社	出版时间	收藏图书馆数量
24	楚辞选	屈原著，杨宪益选编	外文出版社	2001 年	80
25	伊人，伊人	梁晓声	湖南文艺出版社	2006 年	77
	大浴女	铁凝	春风文艺出版社	2000 年	77
26	女神	郭沫若	外文出版社	2001 年	76
	一句顶一万句	刘震云	长江文艺出版社	2009 年	76
27	宋明平话选	冯梦龙，凌濛初著，杨宪益选编	外文出版社	2001 年	75
	深牢大狱	海岩	作家出版社	2003 年	75
	舞者（冰卷）	海岩	作家出版社	2007 年	75
28	誓鸟	张悦然	光明日报出版社	2006 年	74
29	病相报告	贾平凹	上海文艺出版社	2002 年	73
30	诗经	野莽，杨宪益，戴乃迭选编	外文出版社	2001 年	71
	杜拉拉3：我在这战斗的一年里	李可	江苏文艺出版社	2010 年	71

上表列出的中文作品总共有 42 种，可以说是 2000 年至 2011 年的 11 年间，在世界上传播范围最广的中文作品，收藏图书馆数量最多的是 151 家，最少的是 71 家，这 42 种图书可以说是中国文学在这十一年间世界文坛上基本面貌的浓缩。在作品年代上，既有《三国演义》、《楚辞》、《宋明平话选》、《诗经》等中国古代文学经典，也有中国现代文学名著

《鲁迅小说选》、曹禺的《雷雨》、茅盾的《林家铺子·春蚕》，老舍的《茶馆》，还有 80 后作家韩寒的"公路小说"《1988：我想和这个世界谈谈》和张悦然的魔幻小说《誓鸟》。在上榜的作家名单里，既有余华、贾平凹、余秋雨、严歌苓、王安忆、铁凝、王朔、阿来、刘震云、莫言、张炜、梁晓声、海岩、杨志军等在上个世纪 80 年代以来成名的专职作家，也有姜戎、李可等以前并不出名，而是新近十年间才成名的非职业作家，还有韩寒、张悦然等新生代的 80 后作品。按照上榜文学作品的年代划分，具体如下图：

图 1：近十年世界影响最大的中国文学作品年代示意图

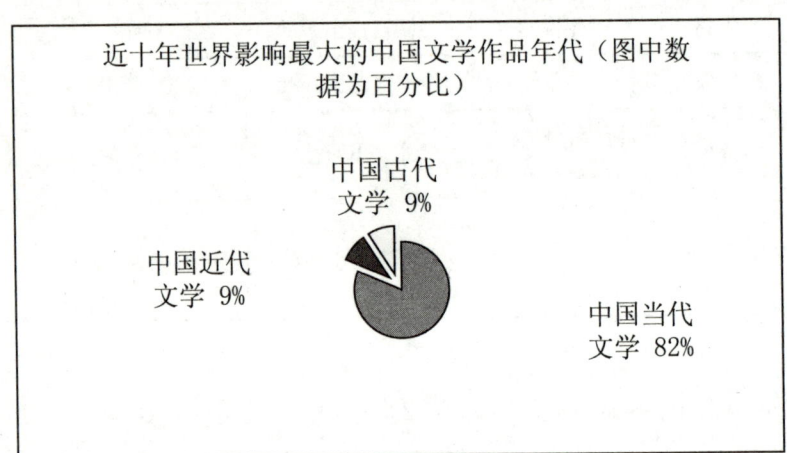

图 1 显示了中国古代文学、中国现代文学作品的比例分别为 9%，合计为 18%，而中国当代文学则为 82%，占据了绝对的份额。对于上述中国文学作品获得世界影响的途径解读，大体可以有如下三个

方面：

第一，中国文学经典作品在对外传播历程中积累的海外知名度。本文设定的时间段是 2000 年至 2011 年这 11 年间中国出版的文学作品，但同样有 18% 的比例为中国古代、现代文学经典内容上榜，这表明中国古代、现代文学经典在长期的对外传播过程中积累起了一定的知名度，在 21 世纪的世界文坛依然占据着一定位置。《三国演义》、《楚辞》、《诗经》等作为中国古代文学经典的代表，早在 400 年前就开始通过各种渠道不断地向海外传播，而鲁迅、曹禺、巴金、茅盾等现代文学名家的作品，曾经是新中国建国后至 1979 年 30 年间对外传播的主要内容之一，这些作品有外文出版社出版其英、法、德文版，其中英译者就是杨宪益、王佐良等著名翻译家，而且还在国家财力极为有限的情况下，由国家资助个别海外出版机构翻译出版了一些非通用语版，如瑞典文版、希腊文版、西班牙文版、阿拉伯文版等。因此在半个多世纪的对外传播过程中，这些古代、现代文学作品在世界上逐步积累了广泛的知名度，相应这些作品的中文版本也逐步获得了海外图书馆系统的认可。

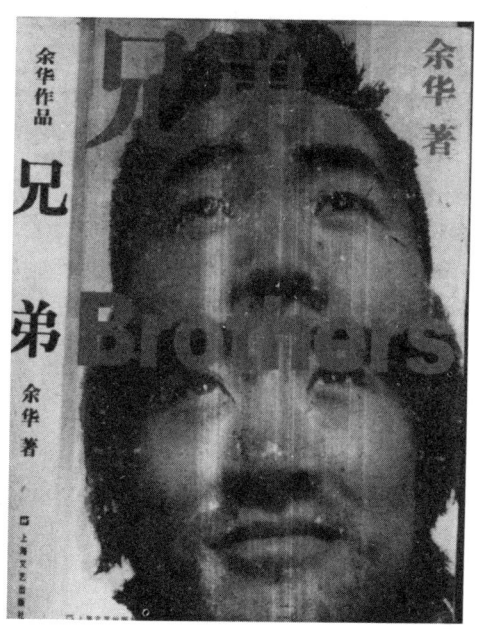

《兄弟》，余华著，上海文艺出版社，2005 年版

第二，借助影视媒介的影响而获得了海外知名度。余华的《兄弟》之所以得到143家世界图书馆的青睐，除了作品本身的高质量外，一个主要因素是余华的作品，如《活着》借助导演张艺谋改编成为电影获得第47届法国戛纳国际电影节评委会大奖等多个国际奖项，作者海外知名度因此大增。根据北京师范大学的刘江凯博士的统计，余华的一些作品翻译成法语出版的有15种，韩语有9种，越南语有6种，英语有5种，瑞典语有2种，捷克语、德语、希伯来语、西班牙语、塞尔维亚语等各有1种。借助张艺谋改编电影的影响而受到海外图书馆青睐的还有2007年江苏文艺出版社出版的艾米的小说《山楂树之恋》，馆藏达到112家。与此情况类似的还有王海鸰的《中国式离婚》、严歌苓的《小姨多鹤》、刘震云的《手机》、王宛平的《金婚》、海岩的《舞者》等。

第三，一些作家作品借助国内形成的知名度，影响力由国内传递到海外，带动了世界文坛的认可。进入表中作家名单里的有贾平凹、余秋雨、王安忆、铁凝、王朔、阿来、刘震云、莫言、张炜、梁晓

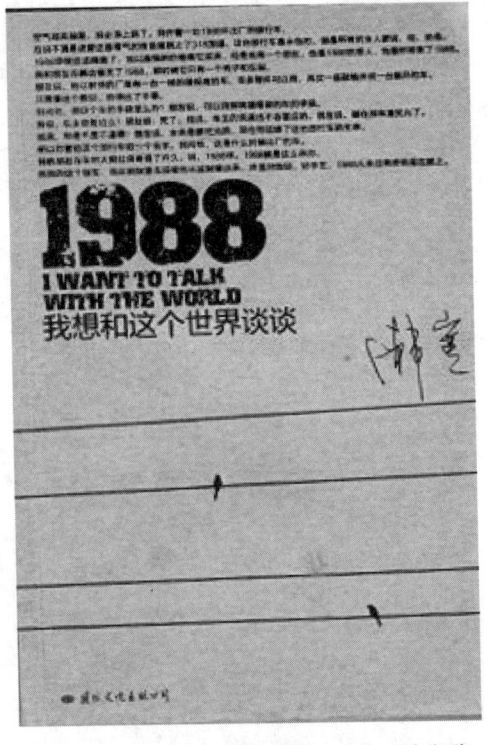

《1988，我想和这个世界谈谈》，韩寒著，国际文化出版公司，2010年版

声、海岩、杨志军等著名作家，这些都是在国内文坛成名很早的作家。以贾平凹、王安忆、铁凝为例，作家出版社 2005 年、2007 年出版的贾平凹的《秦腔》、《高兴》收藏图书馆数量分别是 129 家、120 家，上海文艺出版社、文汇出版社 2005 年联合出版的王安忆的《遍地枭雄》收藏图书馆为 100 家，人民文学出版社 2006 年出版的铁凝的《笨花》收藏图书馆达到 98 家。这些图书馆数据与贾平凹、王安忆、铁凝获得过茅盾文学奖等多种奖项高度相关。贾平凹、王安忆、铁凝三位作家的作品均有海外译本，据不完全统计，贾平凹的作品法语译本有 7 种、英语译本有 5 种、日语译本有 1 种、韩语有 1 种；王安忆的作品有法语译本 7 种、英语译本 5

种、越南语译本 2 种、德语译本、韩语译本各 1 种；铁凝的作品有法语译本 5 种、越南语译本 4 种、英语译本 3 种、韩语译本 2 种。这些海外译本扩大了三位作家在世界文坛上的知名度。

还有一些作者此前默默无闻，但因为有作品在国内突然畅销而带动了海外的市场，由此进入了世界图书馆的收藏系统。其中最为典型的有两部，一部是长江文艺出版社推出的《狼图腾》。作者姜戎是文坛上

《秦腔》，贾平凹著，作家出版社，2005 年版

的一名新手，但该书在 2004 年出版后大获好评，连续 6 年蝉联文学图书畅销榜的前 10 名，在中国大陆发行 300 余万册，获得各种奖项几十种，并成为向国外推荐的重点图书，有 30 多种语言的译本，在全球 110 个国家和地区发行。该书中文版因此被世界 151 家图书馆重点收藏。另外一部是李可的《杜拉拉升职记》。李可原本不是专职作家，但自 2007 年 9 月出版《杜拉拉升职记》后，由于题材内容与时代社会热点、目标人群的高度契合，在国内出版后即获读者青睐，截至 2010 年《杜拉拉升职记》一、二、三部总共发行 400 余万册。根据该小说改编、由徐静蕾执导的同名电影和陈铭章执导的 32 集白领职场励志剧《杜拉拉升职记》，均在 2010 年同期首映，国内市场形成了"杜拉拉"热。国内的热度迅速传递到海外市场，导致江苏文艺出版社 2010 年推出的《杜拉拉 3：我在这战斗的一年里》，收藏图书馆数量达到 71 家，而此前的一、二部却没有上榜，这是十分典型的国内市场热度向国外传递的现象。

中国文学在国内的影响向世界文坛传递的现象，特别值得深入研究。它意味着中国当代文学已经成

《杜拉拉升职记》，李可著，陕西师范大学出版社，2007 年版

为世界文坛的一个重要组成部分，随着中国经济实力的增强，由此带动包含中国文学在内的中华文化在世界上影响力日益增大，初步具备了一些影响世界文坛的能力，与上个世纪中国文学在世界文坛上的地位截然不同。《狼图腾》与《杜拉拉 3：我在这战斗的一年里》这两部作品都属于近十年间先是在国内成名而后走向世界的作品，这两个案例更进一步验证了这个结论。

《誓鸟》，张悦然著，光明日报出版社，2006年版

二、中国文学图书的传播范围

衡量一部文学作品的世界影响，还有一个最为重要的因素就是这部文学作品的传播范围。WORLDCAT 的书目数据给出了收藏中国文学作品的图书馆国家分布情况，依据数据就可以大致勾画出中国文学作品的传播范围。本着这样的思路，本文梳理海外收藏图书馆数量最多的《狼图腾》一书的国家分布状况，这样就可以大体清楚中国文学在世界上的传播范围了。

图 2:《狼图腾》中文版海外收藏图书馆国家分布

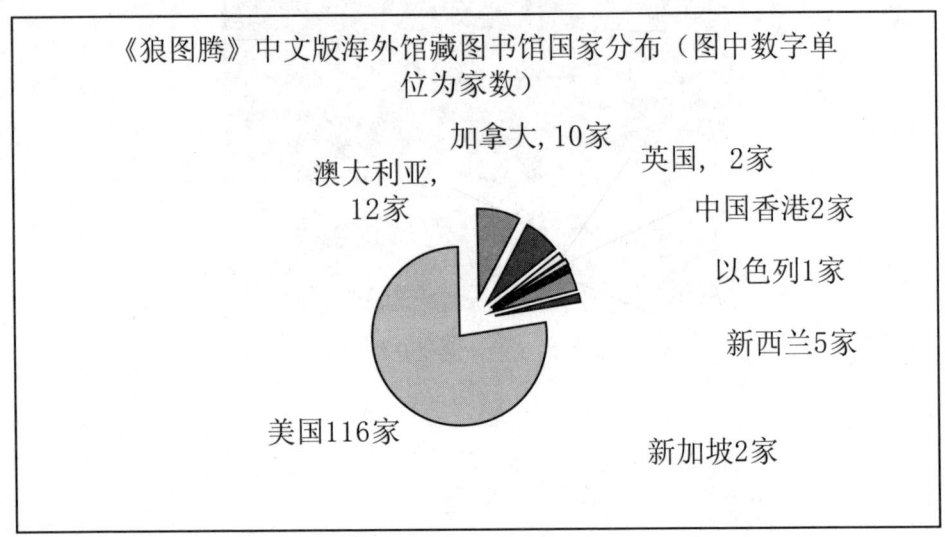

图 2 数据显示了《狼图腾》一书收藏图书馆的国家分布，美国最

多，达到 116 家，澳大利亚 12 家，加拿大 10 家，新西兰 5 家，英国和中国香港均为 2 家，以色列 1 家。美国是中国图书的最大买家这个结论，在这里再次得到了证实。这里有三个层面的内涵值得探讨：

一是中国文学图书的市场重心问题。就《狼图腾》一书中文版的图书馆国别分布来看，中国文学图书最大的市场就是美国，欧洲国家的图书馆数量大大少于北美国家，英国仅有 2 家，尚不足美国加利福尼亚州 29 家图书馆的十分之一，而作为翻译出版《狼图腾》外文版的法国、德国等欧洲国家，竟然没有一家图书馆收藏该书中文版。当然不可能贸然做出这种判断，因为 OCLC 联盟图书馆的覆盖范围还有局限，但这个数据说明了欧洲图书市场在全世界图书市场格局中所占的份额。在中国人的心目中，似乎欧洲国家与美国具有同等重要的地位，但从对于中国图书的关注程度和购买实力来看，其实相差很大。

二是中国文学在收藏量最大的美国社会的传播范围、影响深度问题。美国有 116 家图书馆收藏了这本图书，分布在美国 29 个州，其中加利福尼亚州最多，为 29 家，纽约州 13 家，马萨诸塞州 8 家。

这些图书馆可以分为大学图书馆和公共图书馆两个层次，代表着不同的传播人群和传播范围。第一类是 43 家大学图书馆，如斯坦福大学图书馆、哈佛燕京图书馆、美国麻省理工学院图书馆、美国克莱蒙特学院图书馆等。这些图书馆有私立大学，也有公立大学，还有社区学院，总之这些都是长期购买中国中文图书的大学图书馆，其主要目的是用于学术研究。这就是国内学界所说的，中文图书长期处在边缘化、小众化地位的真正含义。

第二类，即公共图书馆总数达到了 73 家，远远超过了大学图书馆，这是一个值得惊喜的变化，标志着传统中文图书长期处在边缘化、小众化地位开始发生转变。收藏《狼图腾》中文版的这些公共图书馆，在全美 29 个州都有分布，每个州至少一家，比如在加利福尼亚州有美国弗雷斯诺郡图书馆（FRESNO CNTY FREE LIBR）等 17 家社区图书馆，在密歇根州有美国安阿伯社区图书馆（ANN ARBOR DIST LIBR）等 4 家，在纽约州有美国纽约公共图书馆（NEW YORK PUB LIBR）等 7 家。特别值得提出的是 73 家公共图书馆的名单上还有中学图书馆，如在纽约州有美国福明顿高中图书馆（FORT HAMILTON HIGH SCH LIBR）。

前文说过，美国的公共图书馆、社区图书馆遍及全美每个社区，星罗棋布，高度发达的社区图书馆是美国社会的一个鲜明特征，《狼图腾》这本中文作品，能够进入美国公共图书馆系统，标志着中国文学作品开始摆脱小众化地位，从传统的大学、研究机构开始大步深入到美国的主流社会中间，能够与普通美国人贴身接触。这是新世纪 10 年间中国当代文学在美国传播范围、传播层次发生的革命性的变化，其意义不可小觑。

第三，中文作品的海外推广问题。根据笔者长期对于海外图书馆的数据监测，可知《狼图腾》一书应该是公共图书馆数量超过大学图书馆数量的第一本中文作品，这与长江文艺出版社借助法兰克福书展、伦敦书展、北京 BIBF 等国际推广平台不遗余力的推广高度相关。而有些中国当代作家的作品与《狼图腾》相比并不逊色，有的甚至高于《狼图腾》的作品水准，却没有获得如此大的世界影响。面向世界推广中文图书，据笔者所知，除一些长期从事对外出版业务的出版社之外，中国出版社还普遍缺乏针对性的海外推广意识，中文图书长期以来缺乏海外宣传推广，甚至可以说根本没有什么海外推广活动，这也是大量高质量中文图书难以进入全球图书馆系统的根本原因。强化中国出版在选题、营销以及推广的世界意识，一直是笔者积极主张的观点。通过本文对于 2000 年至 2011 年近 12 年间中国文学图书的馆藏数据来看，世界上还存在着一个如此巨大的全球图书馆网络，通过这些图书馆的再次传播，覆盖全世界的人群数量不可低估。面向那些设施优良并坐落在西方社会社区内的图书馆开展一些针对性的营销推广活动，与海外读者密切接触，这不仅是扩大中文图书市场的一个有效途径，也是增强中华文化世界影响力的一个针对性举措。因此面向海外人群大力推广中文图书的阅读活动，应该值得充分重视。

三、影响最大的外译作品^①

梳理中国文学的世界影响，除了关注中文作品的海外影响之外（"回眸"之一见《中国图书评论》2013 年第一期），还有一个重要的维度就是对于中国当代文学各种外译本的研究。国内学界习惯于将外文版本、翻译语种数量作为一个指标（高方 许钧，"现状、问题与建议—关于中国文学走出去的思考"，《中国翻译》，2010 年 6 期 5-9 页），这显然是不够的，必须关注中国文学外译本的传播范围，而这个传播范围才是中国文学世界影响的一个关键指标。

本文延续中国文学中文作品世界影响的研究思路，依然将中国文学作品外译本在全世界图书馆系统的收藏数据，作为衡量其传播范围的一个客观指标，以此尝试勾画出 2000 年至 2012 年近 13 年间翻译成各种语言版本中国文学的影响地图，从中梳理出中国文学之所以能够获得世界影响的因素，为未来中国文学的海外传播体系与传播能力建设提供参考。

本文设定外译作品影响力排名的理论依据：

1. 一个国家的图书馆收藏某种中国文学作品的外译本的数量，代表

---

① 本文刊发在 2013 年 2 期《中国图书评论》上，刊发时题目为"中国文学的世界影响——新世纪十年回眸之二"。

了这种图书在这个国家的知名度的大小，这种知名度包含了作品的思想价值、创作水平以及出版机构的品牌影响、语种使用范围等各种因素，尤其是对于出版机构的评估，世界图书馆系统往往在某一些学科、领域划定几个核心出版社作为图书采购收藏的依据。因此本文依然依据 WORLDCAT 书目数据库，把收藏图书馆数量作为 2000 年至 2012 年 13 年间中国文学世界影响力的主要指标。从覆盖国家、地区数量上看，WORLDCAT 是目前世界上相对广泛的一个书目系统（OCLC：Online Computer Library Center, Inc 联机计算机图书馆中心）；

2. 由于是对中国文学外译本的研究，因此可以排除中文在世界文化格局中所处地位较为边缘的语言因素，将中国文学放在整个世界文学的格局里来考察，所以把收藏中国文学各种外译本的图书馆数量设定为 200 家，即按照 2011 年底 WORLDCAT 的书目数据来源为全世界 23815 家图书馆的标准，采取百分之十稍弱的比例，设定全球图书馆 200 家为中国文学外文版图书的排名依据。即凡是一个中国作家的作品外文版，收藏图书馆数量超过了 200 家（含 200 家）以上的，即进入排名，不足 200 家的则不在此列。这样的比例能够看得出中国文学体裁在世界上的真正影响力。

3. 本文的检索时间为 2012 年 11 月 15 日至 12 月 5 日。检索排名如下表：

新世纪十三年中国当代文学外译作品世界收藏图书馆数量排名

序号	作品名称	作者	出版社	译者	出版时间	图书馆数量
1	狼图腾	姜戎	纽约：企鹅出版社	葛浩文	2008年	940
2	十个词汇里的中国	余华	纽约：万神殿图书公司	白亚仁	2011年	850
3	兄弟	余华		周成荫，罗鹏	2009年	836
4	尘埃落定	阿来	波士顿：霍顿米夫林出版社	葛浩文，林丽君	2002年	824
5	活着	余华	纽约：锚点图书公司	白睿文	2003年	679
6	长恨歌	王安忆	纽约：哥伦比亚大学出版社	白睿文，陈毓贤	2008年	675
7	生死疲劳	莫言	纽约：拱廊出版社	葛浩文	2008年	644
8	青衣	毕飞宇	波士顿：霍顿·米夫林·哈克特出版社	葛浩文，林丽君	2010年	630
9	恋人版中英词典	郭小橹	纽约：南·A·塔利斯出版社		2007年	614
10	丁庄梦	阎连科	纽约：格罗夫出版社	辛迪·卡特	2009、2011年	613
11	贪婪青春的20个片断	郭小橹	纽约：南·A·塔利斯出版社		2008年	592
12	我的帝王生涯	苏童	纽约：远东图书公司	葛浩文	2005年	565
13	苍河白日梦	刘恒	纽约：格罗夫出版社	葛浩文	2001年	505
14	英格力士	王刚	纽约：维京图书出版社	Martin Merz, Jane Weizhen Pan	2009年	489
15	丰乳肥臀	莫言	纽约：拱廊出版社	葛浩文	2004年	487

序号	作品名称	作者	出版社	译者	出版时间	图书馆数量
16	马桥词典	韩少功	纽约：哥伦比亚大学出版社	蓝诗玲	2003、2005年	482
17	三姐妹	毕飞宇	波士顿：霍顿·米夫林·哈科特出版社	葛浩文，林丽君	2010年	471
18	上海宝贝	周卫慧	纽约：袖珍图书出版公司	徐穆实	2001年	450
19	1937年的爱情	叶兆言	纽约：哥伦比亚大学出版社	白睿文	2002年	426
20	为人民服务	阎连科	纽约黑猫图书公司	蓝诗玲	2007年	423
21	酒国	莫言	纽约：拱廊出版社	葛浩文	2000年	406
22	爱的艺术	虹影	伦敦：玛丽恩家族图书公司	赵义恒，哈曼·奈克	2002年	386
23	师傅越来越幽默	莫言	纽约：拱廊出版社	葛浩文	2001年	380
24	黄泥街	残雪	纽黑文：耶鲁大学出版社	凯伦·格南特，陈泽平	2009年	372
25	寒夜	李乔	纽约：哥伦比亚大学出版社		2001年	363
26	在细雨中呼喊	余华	纽约：锚点图书公司	Allan Hepburn, Barr	2007年	352
27	私人生活	陈染	纽约：哥伦比亚大学出版社	Howard Gibbon, John	2004年	350
28	大浴女	铁凝	纽约：斯克里布纳出版社	张洪凌、杰生·索摩	2012年	349
29	许三观卖血记	余华	纽约：万神殿图书公司	安德鲁·琼斯	2003年	332
30	惊恐与聋子：两篇现代讽刺	梁晓声	火奴鲁鲁：夏威夷大学出版社	陈汉明，詹姆斯·贝尔彻	2001年	303
31	河岸	苏童	纽约：远望出版社	葛浩文	2010、2011年	298

序号	作品名称	作者	出版社	译者	出版时间	图书馆数量
32	古船	张炜	纽约：哈伯柯林斯出版社	葛浩文	2008 年	260
33	碧奴	苏童	爱丁堡：纽约卡农盖特出版社	葛浩文	2007 年	250
34	受活	阎连科	纽约：格罗夫出版社	罗鹏	2012 年	250
35	恋人版中英词典	郭小橹	伦敦：查托和温达斯出版社		2007 年	248
36	苹果的味道	黄春明	纽约：哥伦比亚大学出版社	葛浩文	2001 年	241
37	贪婪青春的20 个片段	郭小橹	伦敦：查托和温达斯出版社		2008 年	239
38	这一代：中国最受欢迎的文学明星和赛车手杂文集	韩寒	纽约：西蒙和舒尔特出版公司	Barr，Allan Hepburn	2010、2012 年	235
39	千万别把我当人	王朔	纽约：远东图书公司	葛浩文	2000 年	231
40	恋人版中英词典	郭小橹	底特律：惠勒出版社		2007、2008 年	231
41	空中的蓝光及其他小说	残雪	纽约：新趋势出版社	凯伦·格南特，陈泽平	2006 年	222
42	上海王	虹影	伦敦：纽约玛丽恩家族图书公司	刘虹	2008 年	220
43	变	莫言	伦敦：纽约海鸥出版社	葛浩文	2001 年	202
44	她眼中的UFO	郭小橹	伦敦：查托和温达斯出版社		2009 年	201

　　列入上表中的是出版时间在 2000 年至 2012 年之间，达到 200 家以上收藏图书馆数量的中国文学作品英译本排名，总共有 44 种。即这 44 种是新世纪 13 年间传播范围最广的中国文学译作。可以确定的是，这个排名肯定还有遗漏，但大体可以看得出新世纪 10 年间中国文学获得世界影响的几个因素：

　　第一是中国文学在世界图书市场上竞争力开始崭露头角。与中国文学中文版的排名一样，排在榜单第一位的依然是《狼图腾》。中文版全球收藏图书馆数量是 150 家，而英文版则达到 940 家，是中文的 6 倍多，这个数字体现了中文与英文在世界文化格局中的差距。但不管怎样，《狼图腾》这本作品可以说是迄今为止在世界上影响最大的中国文学作品。英文版的收藏数字，超过了所有中国文学作品的外译本。

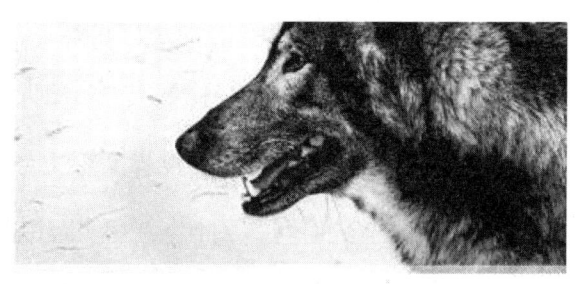

《狼图腾》英文版，企鹅出版社，2008 年版

以中国经典文学名著《红楼梦》外译本为例，杨宪益和戴乃选的翻译本，

于 1980 年由北京外文出版社出版，全世界收藏图书馆数量为 459 家；英国著名汉学家大卫·霍克斯（David Hawkes）译本，由英国企鹅出版集团在 1973 年至 1986 年用 14 年的时间出版完四卷本，其收藏图书馆数量为 616 家，都没有超过《狼图腾》的数量。

进入新世纪以来，随着中国经济的崛起，西方政界、学界以及舆论界，解读"中国崛起"的图书、电视、网络专栏铺天盖地，凡是和中国相关的图书就能够畅销，与中国相关的电视专栏就有收视率，关于中国崛起的解读已经成为一场"文化盛宴"，从大众文学较为容易接受的文学角度理解中国社会，早已经成为世界文坛上一个具有巨大市场潜力的文学主题。这里有一个数字可以对比。企鹅集团在《狼图腾》之后，2011 年又推出了美籍华裔学者蔡美儿撰写的《虎妈战歌》，在全世界图书馆收藏数字为 2080 家，是《狼图腾》的 2.2 倍多，当然两者不能简单相比。因为一个是纯文学的作品，一个是涉及更为广泛的家庭教育题材，但都是中国题材，都是企鹅出版集团一家来操盘，都是面向英语世界的读者，两本书的图书馆收藏数字有如此之大的差别，只能说明中国主题的图书在世界市场上所存在的巨大潜力仅仅是冰山一角。事实上也确实如此。《虎妈战歌》在全世界掀起了一场关于中美教育的世界性大辩论，在东西方网络留言、视频点击留言的人群数量数以亿计，这些都是中国题材巨大市场潜力的证明。

从出版社层面上看，44 种中国文学的外译作品，共有 24 家出版社，其中出版最多的是位于纽约的美国哥伦比亚大学出版（New York：Columbia University Press），有 5 种，其次美国拱廊出版（New York：Arcade Pub）为 4 种，位于纽约的万神殿图书（New York：Pantheon Books）、波士顿的霍顿米夫林·哈科特（Boston：Houghton Mifflin Harcourt）、纽约的锚点图书公司（New York：Anchor Books）、纽约的格罗夫出版（New York：Grove Press）、英国查托和温达斯图书公司（London：Chatto & Windus）分别是 3 种。这 24 家出版社中，除企鹅集团的两家出版社之外，万神殿图书属于美国兰登集团旗下的出版机构，其余大部分属于大学出版社和独立出版社。著名出版集团的营销渠道、市场推广网络、媒体宣传是中小出版机构所不能比拟的。以哥伦比亚大学出版社为例，按照著名翻译家葛浩文的话说，每年中国文学作品的译本在全美国销售的册数，基本保持在 300 种左右，但贵在坚持，保持学术品位，不断翻译出版，而企鹅集团的销售量却可以达到每年 2 万册以上（季进，"我译故我在——葛浩文访谈录"，《当代作家评论》，2009 年 11 月 25 日）。从出版机构上看，中国文学的翻译与传播基本还是以保持学术性、研究性的大学出版社和独立的中小出版机构为主，由世界著名出版机构操盘的中国文学作品还不多。而且 44 种中国文学图书的翻译出版机构中没有一家中国出版机构，这种局面亟需彻底改变。

第二是影视因素依然是中国文学获得世界影响的一个主要途径。从上榜的作家来看，共有 24 位中国作家上榜。作品最多的是郭小橹，有 6 部，其次是莫言、余华，分别有 5 部，再次是阎连科和苏童，分别有 3 部。这个数字比较耐人寻味。郭小橹是中国当代作家中的 70 后，国内知名度远不能与榜单上的其他中国作家相比。但这位 1973 年生于温岭石塘的北京电影学院硕士，2002 年赴英国，号称"左手影像右手小说"，兼具小说家、评论家、编剧、导演数种身份，曾出版的长篇小说，有《芬芳的三十七度二》、《我心中的石头镇》等。2007 她年用英文创作出版的小说《恋人版中英词典》(A Concise Chinese-English Dictionary For Lovers)，讲恋爱故事，阐述语言隔阂和文化冲突，凭借这部小说，郭小橹进入英国著名文学奖橙子文学奖最终入围名单，由此获得英语世界的文学声誉。这部浅显易懂的作品居然有美国南 A 塔利斯图书公司版、英国查托和温达斯图书版和美国底特律惠勒出版公司的三个版本上榜，分别位列第 9、第 35、第 40 位；另外一本《贪婪青春的 20 个片断（Twenty fragments of a ravenous youth）》也有美国纽约的南 A 塔利斯图书公司版、英国查托和温达斯图书公司两个版本上榜，分别位列第 11、第 37 位。郭小橹一个人竟然占到整个中国当代作家外译作品上榜总量的 14%，而如果按照国内中国当代文学家的影响力排名，郭小橹无论如何也不可能占据第一位的。可见，中国文学在世界上的影响力地图与国内学界的想象是完全不同的。

郭小橹在英语世界里的知名度，一个不可忽视的原因是来自于她的电影与纪录片的创作。由郭小橹任编剧、导演、主演及制片的第一部长片《你的鱼今天怎么样（How Is Your Fish Today?)》夺得 2006 年鹿特丹影展亚洲影评人奖，2007 年又获得巴黎克雷泰伊国际妇女电影节大陪审团奖。2009 年郭小橹执导、黄璐主演的电影《中国姑娘 (She, a Chinese)》获得瑞士洛迦诺电影节的最高荣誉最佳影片金豹奖。由影视作品带来的聚光灯效应，再次从郭小橹身上得到体现，与莫言、余华、苏童等中国当代作家第一次获得世界文坛的关注十分相似。通过影像带动使图书获得更多读者的青睐和关注，已经成为中国文学获得世界影响的方式。

第三是上榜所有语种都是英文版，凸显了英语在世界文化格局中的强势地位。根据中国作协理论部李朝全主任的统计，中国当代文学的外译语种多达 25 种，但仅有英语上榜，中国文学进入全世界 200 家以上图书馆的上榜名单，无一例外全部是英译本，再次证明了英语的强势地位。

其中特别值得研究的是，在上榜的中国作家名单中，有许多作家的第一个外译本并非是英语，而往往是由法译本开始。根据刘江凯博士的研究（刘江凯，"本土性、民族性的世界写作——莫言的海外传播与接受"，《当代作家评论》，2011 年 4 期），莫言最早的外文译本是 1990 年出版的《红高粱家族》法译版，3 年后才由企鹅集团所属的维京出版社出版英译本。苏童获得海外知名度的第一个译本也是法译本，他的《妻妾成群》的最早译本是 1992 年由法国 Flammarion 出版，此后多次再版，直到 1993 年才由美国纽约的 William Morrow 出版英译本。铁凝、毕飞宇获得海外的知名度路径也是如此。法译本甚至充当了中国文学走向世界文坛的第一个台阶。

从历史上看，法国、德国、意大利等欧洲国家自明末清初就开始与中国进行文化交流，对于中国文化的解释与发现成为 400 多年间延续至今的一个欧洲传统，可以确定的是，中国当代文学的外译依然在延续这样一个历史惯性。因此对于中国当代文学外译语种之间互动关联研究，尤其是发现不同语言之间的相互作用，对于中国主动传播自己并建构世界传播体系具有巨大帮助。

《生死疲劳》，莫言著，拱廊出版社，2008 年版

第四是中国当代文学译者队伍的专业化问题已经迫在眉睫。在上榜的译者名单中，共有 18 位，其中葛浩文夫妇翻译了 16 部作品，堪称中国文学英译的"劳模"，白睿文翻译了 3 部作品，蓝诗玲翻译了 2 部，Allan Hepburn、罗鹏（Rojas, Carlos）、凯伦·格南特（Karen Gernanat）和陈泽平（Chen Zeping）分别翻译了 2 部。除去郭小橹的 6 部作品无需翻译之外，其他 11 个译者各有 1 部作品上榜。葛浩文是英语世界里中国当代文学译介首屈一指的翻译家，他的翻译清单包括萧红、陈若曦、白先勇、李昂、张洁、杨绛、冯骥才、古华、贾平凹、李锐、刘恒、苏童、老鬼、王朔、莫言、虹影、阿来、朱天文、朱天心、姜戎等 20 多位名家的

40多部作品，因此有16部作品进入世界影响最大的中国文学排名原本在情理之中。而白亚仁（Allan H. Barr）等译者，有些是著名研究机构的学者，有些是大学教师，有些是生活在海外的华侨和留学生。可以说，这18名译者是中国文学走向世界的主要手段，他们决定了中国文学以何种面貌、什么时间来到英语世界的读者面前。从上述译者的翻译属性来讲，中国文学的翻译工作绝大部分属于偶然为之，像葛浩文这样专业从事中译外的翻译家屈指可数。从对中国文学译介选择的倾向性来看，基本处于凭借译者对于中国文学的兴趣出发，而且最终是否能够与英语世界的读者见面，决定权完全来自于西方出版机构的选择，其中市场驱动性差不多是第一选择。

众所周知，翻译家队伍不仅是越多越好，而且还是越专业越好，中国文学作品的海外传播如果缺少中国人自己的议程设置，那么中国文学最终会沦落为世界文坛的一个边缘化补充角色。44部上榜作品已经呈现出这种端倪，以介绍中国人性爱为主题的作品占据了绝大多数，这是译者直接受制于西方读者阅读趣味选择的结果，而且译者在翻译过程中大量背离原著去迎合读者，对原著不够尊重，删节和删改的现象较为严重，影响了原著的完整性。如虹影的《上海王》，其英文书名直译为"上海娇妇"（The concubine of Shanghai），备受中国学者批评的卫慧的《上海宝贝》也赫然上榜，并位列18位，收藏图书馆数量达到450家，这些都是需要充分警惕的现象。

四、中国文学译作的传播范围

除了海外图书馆收藏数据之外，还有一个最为重要的因素就是这些作品的阅读人群。本文依然遵照中国文学中文作品的影响研究思路，依据WORLDCAT 的书目数据给出的图书馆国家分布以及图书馆服务人群情况，衡量中国文学的世界影响。收藏图书馆数量最多的《狼图腾》英文版的数据，最能够代表中国文学在英语世界里的阅读人群状况的变化。

根据 WORLDCAT 显示的数据，《狼图腾》英文版的世界图书馆收藏数量为941家，其中有一家为中国国家图书馆，这样，有效数字为940家。这 940 家的排名分别是美国 869 家，加拿大 28 家，新西兰 17 家，澳大利亚 12 家，新加坡 5 家，中国香港 4 家，中国台湾和南非各 2 家，德国、以色列、斯洛文尼亚各 1 家。《狼图腾》的外译语种多达 30 多种，其中有法语译本、意大利语译本、西班牙语译本、瑞典语译本、芬兰语译本、匈牙利语译本、日本语译本等，但这些语言的译本都没有上榜，这显然是因为 WORLDCAT 数据库覆盖范围的局限。这个数据的意义在于，《狼图腾》其实际上的传播范围要比 WORLDCAT 数据库显示的要大。

最为详实的数据是《狼图腾》英文版在美国的图书馆名单，具体如下图：

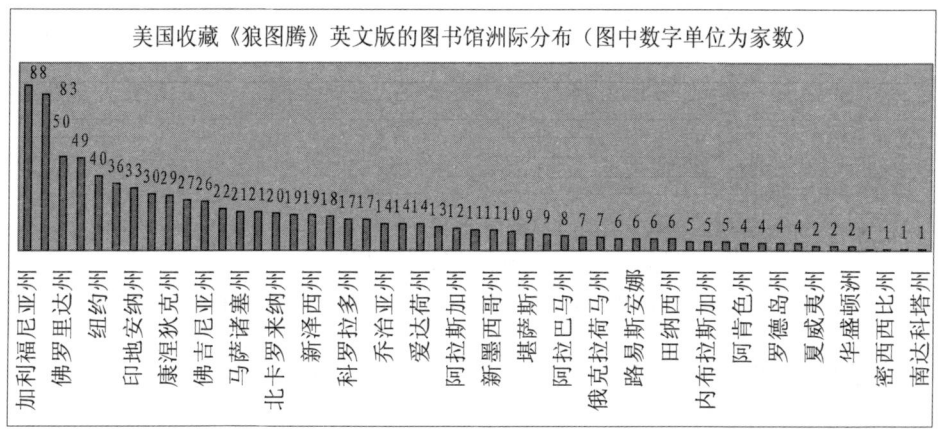

上图显示了美国 52 个州收藏《狼图腾》英文版的图书馆数字，以加利福尼亚州最多，达到 88 家，其次伊利诺伊州为 83 家，佛罗里达州为 50 家，德克萨斯州为 49 家，纽约州为 40 家，宾夕法尼亚州 36 家，印地安纳州 33 家，俄亥俄州 30 家。众所周知，加利福尼亚州是美国人口最多的州，为 3720 万，收藏该书的图书馆数量也应该最多；而美国怀俄明州的人口最少，只有 56.4 万，但收藏图书馆数量也达到 10 家，按照绝对的人口比例估算，差不多每 5.6 万人就有 1 本英文版《狼图腾》。这个数字显然还不太乐观，但与中国文学在 20 世纪之前的影响力相比，已经是一个跨越式的巨大进步。

图书馆的性质决定了中国文学译作的阅读人群结构。《狼图腾》英文版在全美国 869 家图书馆中，社区公共图书馆数量达到了 465 家，占总体数量的 54%，超过了大学、研究机构图书馆的 404 家，这个对比标志着阅读人群的结构性变化，开始中国文学作品开始摆脱小众化地位，从传统的大学、研究机构大步深入到美国的主流社会中间，能够与普通美国人贴身接触，这是新世纪十多年间中国当代文学在美国传播范围、传播人群发生的革命性的变化，更是中国当代文学大步走进西方社会并获得广大普通民众接受的一个开始。《狼图腾》英文版阅读人群的这个可喜变化，从一个侧面也证实了莫言获得 2012 年诺贝尔文学奖的原因，那就是中国文学的世界影响，已经成为世界文坛上一股无法忽视的重要力量。

后　记

　　本书收录了我在 2012 年至 2015 年四年间，发布的中国图书的世界影响力年度研究报告。这些报告均曾全文刊发在《中国传媒商报》上。刊发时，《中国传媒商报》有的在报告题目加上了"馆藏"二字，有的没有加。不管是否有"馆藏"二字，这种依据全世界图书馆收藏数据进行图书影响力评价的方法，在四年时间里逐渐被业界、学界所广泛接受和认可，并日渐成为学术界评价期刊、图书世界影响力的一个客观标准。

　　随着一年一度的世界影响力年度研究报告的发布，业界同仁亟需要一本收录年度全、报告内容齐、能够提供纵向观察的报告全书。为此，我特别整理了连续四年的年度报告，统一格式，同时附录了 2000 年至 2011 年新世纪十年的中国当代文学图书在世界影响力的年度研究报告，从文学图书的一个侧面观察中国出版获得世界影响力的途径，以飨读者。

　　这些报告撰写的时间，均是在每年的 6 月至 7 月间，正值北京进入最热的季节开始。报告中的数据，都是在炎热的夏季，一个出版社接着一个出版社的检索得出的。特别是中国大陆图书馆上传 OCLC 的数据逐年增加，还要全部扣除中国大陆图书馆的上传数据，每一条数据都要反复多次核准，才能确定一个出版社的馆藏量。这份研究可能还很不全面，其中可能有遗漏，甚至还有错误，但不管怎样，这些研究报告都是辛勤汗水的结晶。在此，我要感谢我的家人，有些数据都是他们帮忙检索的。感谢北京外国语大学的研究生曹莉莉、李先慧两位同学，她们为此 2015 年的数据付出了辛勤的汗水。

生有涯而学无涯，读者的认可是我在学海中前行的最大动力！

何明星

2016 年 7 月 2 日于世纪城